本当にエロい実話

「裏モノJAPAN」
読者投稿傑作選

Exciting

第1章

エロい体験

第2章 エロい現場

第3章 エロ知恵

第1章 エロい体験

浜田豊久／埼玉県　25才　会社員

こんなところで再会するなんて。小学校の担任女教師がピンサロで抜いてくれました

「裏モノJAPAN」2021年1月号掲載

年上女性の好きな僕にとって、熟女フーゾクは何よりの楽しみです。同世代の女にはない包容力、ふにゃふにゃのモチのような肌の質感、そしてエロへの積極性。もうタマりません。とはいえ、安月給につき、通ってるのはピンサロばかりです。高価なデリヘルなんてとても。

てなわけで、先月もピンサロへ。大塚にあるＴという人妻系のお店で、僕のお気に入りのひとつです。

この店で遊ぶときは必ず写真指名料を払って嬢を選びます。なんたってプレイ代が30分4千円と割安なので、貧乏リーマンといえどもそれくらいの贅沢は許されるわけでして。

壁には嬢の写真がいくつも貼り出されており、そこへジロジロと視線を走らせます。さて、今日はどのお姉さまにしゃぶってもらおうか。

すぐに一枚の写真に目が止まりました。美人だったからではありません。むしろ彼女の見た目はひどく地味で、どことなく悲しげに見えました。いつもなら、こんな陰気くさい嬢はソッコーでパスします。

にもかかわらず、彼女の写真に釘付けになったのは、僕のよく知る人物にそっくりだったからです。まさか本人だったりして。いやいや、そんなわけないよ。でも、すごく似てるんだよな…。

何事にも一生懸命な先生でした

中山マチ子先生は、僕が小5のときの担任でした。大学を卒業して何年も経ってないと言っていたのを覚えているので、当時の年齢はまだ20代半ばくらいだったはずです。

いつも明るく、何事にも一生懸命な先生でした。特に印象的だったのは、全校生徒が参加する大縄跳び大会。全学年で1位を取ろうと張り切り、早朝や放課後に僕らは猛特訓させられたのです。

その甲斐あって見事クラスが1位になったとき、先生は涙を流して僕らを抱きしめました。

そのとき、僕がどさくさにまぎれて先生の大きなお尻をギュッと摑んだことは今でもよく覚えています。授業中、いつも凝視していたあの憧れのデカ尻を。

思えば、すでにあのころから僕の年上女性好きは始まっていたのかもしれません。

「僕のこと覚えてます？」「うん、もちろん」

写真のピンサロ嬢は中山先生なのか、否か。確かめる術はひとつしかありません。

「この○○さんでお願いしたいんですけど」

「はい、○○ちゃんなら10分ほどで準備できますよ」

まもなく店内のシートに案内され、それから数分ほどで指名した嬢がやって来ました。

「はじめまして○○でーす」

独特の鼻にかかった声。ますます僕の確信は深まりました。やっぱり先生だ。

しばらく雑談が続いたあとで、彼女は口を開きました。

「じゃ、そろそろズボンとパンツ脱いじゃおうっか」

あの〜、と僕は切り出しました。心臓はドキドキです。

「もしかして中山先生じゃないですか？」

薄暗い店内でも、「え？」と声を発した彼女の表情が固まったことは、手に取るようにわかりました。

「○○小でお世話になった浜田です。覚えてますか？」

「…うん、もちろん。浜田豊久くんだよね？」

もっと大きなリアクションが返ってくると想像していただけに、肩透かしを食らった気分に。

「最初にキミの顔を見たときすぐに気づいて知らんぷりしてたんだけど、やっぱバレちゃったね」

「まさか教え子がここに来るなんてな〜」と顔に手を当てて嘆く先生。気まずさがひしひしと伝わってきました。

「先生って教師やめたんですか？　なんでこんなところで働いているんです？」

「うん、そうね〜…」

私、お仕事した方がいい？

ため息をつきながら、先生が話しだした経緯は、おおよそ次のようなものでした。

30前で結婚したものの、教師生活が忙しすぎて子供を作れなかった彼女は、教職を辞めて出産。子育てに専念していた矢先、旦那さんが脱サラで独立するも失敗し、多額の借金をこしらえたそう。そこで教師への復職も考えた彼女でしたが、子育て中は物理的に無理だと思い直し、しょうがなくフーゾクの道を選択したというのです。

話を聞きながら、先生の指名写真を思い浮かべました。明るかった先生に似つかわしくない、あの表情の翳りは、望まぬフーゾク仕事につかなきゃいけない苦悩が現れていたのかも。

「浜田くん、どうする？　私、お仕事した方がいい？」

「はあ、できればお願いしたいです」

「だよね…」

と、最初はいかにも乗り気でない様子の先生でしたが、ひとたびチンポをしゃぶりだすと、キャラが豹変。

ストローク中にジュボジュボとヒワイな音を立てるわ、床に手をついた状態からアクロバティックにローリングフェラを披露するわと大変なテクニシャンぶりで、残り時間あとわずかというところからプレイが開始したにもかかわらず、一気に射精に導いてしまったのです。昔、憧れていたデカ尻をナマでワシ掴みしていた僕は、とても満ち足りた気分に浸っていました。

★

先生にしゃぶってもらうため、いまも僕は例のピンサロ店に通い続けています。同級生には内緒で。

写真と本文は直接関係ありません

世界中にシュガーダディはいる？ニュージーランド留学中にパパ活してきました

リサ／東京都　21才　大学生

「裏モノJAPAN」2019年12月号掲載

昨年の夏、ニュージーランドに留学した。そこで困ったのがお金の問題だ。学校と寮を往復するだけの毎日でも、貯金はすごいスピードで減っていく。

バイトでもするか。いや、学生ビザなので仕事は無理だ。ならば他に…。

ふと、かつて映画館のバイト先で知り合った元ソープ嬢のお姉さんのことを思い出し、パパ活をしてみようと考えた。

（自分の体で稼ぐって、どんな感じなんだろう。知りたい！）

好奇心旺盛な私の、悪いクセが出てしまったようだ。

単刀直入に「大人の関係でもいい？」

英語圏ではパパ活のことを「Sugar Daddy」と呼ぶらしい。さっそくグーグルで検索したところ、「Seeking Arrangement」というパパ活サイトにたどり着いた。

登録方法は日本の出会い系サイトによく似ているが、自分の人種を入力する項目もあり、そういったところがなかなか海外っぽい。

登録が終われば、あとは男性にメッセージを送るだけ。英語で「こんにちは。パパ活に興味があります」と書いた文面をコピペして、オンライン中のアジア人男性に10通ほど送り付けた。白人や黒人をあえて避けたのは、自分の英語力に自信がなく、ハードルの高さを感じたからだ。

翌朝、送ったメッセージすべてから返信が届いていた。20才という若さが気に入られたのか、単に日本人が珍しかったのか。とにかく自分の地味な容姿に自信がなかっただけに、予想以上の成果だ。

とりあえず、すぐに会えそうな男性とアポイントを取った。オークランド在住の中国人で、名前はサイモン。歳は35才らしい。

当日、待ち合わせのカフェにやって来たサイモンは写真で見たとおりの人物だった。短髪のぽっちゃり体型。新宿の伊勢丹でよく見る中国人観光客みたい。

「やあ、君がリサさん？」

「はい、はじめまして」

互いに自己紹介する間も、サイモンは私の体を舐め回すように見てくる。これからこの人とホテルに行くのか。不思議な感覚だが、私はこういった非日常の感覚が大好物である。

おもむろにサイモンが言う。

「大人の関係でもいい？」

単刀直入な言い方に驚くも、海外でも「大人の関係」という言い回しをするのだなと妙に感心した。

「Ｙｅｓ！」

その後、彼のベンツでホテルへ。チェックインした部屋は日本で言うビジホのような感じで、私たちは別々にシャワーを浴びた。

「こっちにおいで」

部屋に戻ると、サイモンがベッドから声をかけてきた。

私にとっては初めてのおじさんの裸体。思ったよりお腹が出ていたことにちょっとためらいを覚えたけど、これも仕事と割り切り、無心でフェラを始めた。そのうち日本人のフェラテクを見せてやると燃えてきたのだから、私も相当な変わり者だ。

普段以上に丁寧なフェラを心がけたのが良かったのか、すぐに彼は口の中でフィニッシュした。

「神に誓ってあなた以外とファックしません」

よほど下半身が元気なのか、射精後、すぐにサイモンが言った。

「今度はリサが下になって」

言われたとおり体を入れ替えると、愛撫が始まった。キスから乳首舐めクンニと、いたって普通の流れで、特にテクが上手いわけでもない。外国人と言ってもこんなもんなんだな。

逆に文化の違いを感じたのは、手マンがなかったことと、もうひとつ、体中にキスマークをつけたがることだ。一応、彼氏がいたのでこれには参った。

英語でどう断ればカドが立たないか。知っているフレーズを頭の中でかき集めたが上手い表現が見当たらず、結局、あきらめてなすがままに。

やがてサイモンがカバンからゴソゴソとゴムを取り出し装着、挿入してきた。モノが小さいわけでもないのにあまり気持ちよくない。たぶん、相性がよくないのかも。

でもサイモンはノリノリ。興奮気味にこんなことを言いだした。

「リサ、神に誓ってあなた以外とファックしませんって言って」

は？　なに言ってんのこの人？

「神に誓ってあなた以外とファックしません」

バカバカしく思いながらもオウム返しすると、腰の動きが速まり、すぐに彼はイってしまった。

彼からもらったお金は250NZD（ニュージーランドドル）。日本円に換算すると約2万3千円だ。

★

以降、サイモンとは月5回ほどのペースで会った。これだけで月10万以上の稼ぎになるのだが、他にも買い物に行ってアクセサリーなども買ってもらったりしていたので、生活はかなりラクに。

サイモンとの関係は半年ほど続き、ちょうど1年の留学期間を終えようとしていた私は、ニュージーランド滞在の最後の週に、彼をいつものカフェに呼び出した。

「私、今週で日本に帰るの」

「そう……」

突然のことにサイモンは驚いている。しかしにっこり笑って「リサに会えてよかったよ、気をつけて帰ってね」と優しく言われ、少し寂しくなってしまった。さらに帰り際、サイモンが封筒を渡してきた。

「これで最後のニュージーランド生活を楽しんで」

帰宅して封を開けるといつもの2倍のお金が入っていた。まったく最高の「Sugar Daddy」を捕まえたものだ。ニュージーランドでパパ活して本当に良かった！

私です

「裏モノJAPAN」読者投稿傑作選
本当にエロい実話Exciting

息子くんの話題になると
なぜか淫乱になる不倫人妻。
その理由はこういうことでした…

品野たつき／東京都 35才 会社員

「裏モノJAPAN」2020年10月号掲載

淫乱ぶりを余すことなく発揮

去年の秋、既婚者合コンへ出かけた。目的はもちろん、人妻のセフレを作ることだ。会がスタートして間もなく、1人の女をロックオンした。

りえ、38才。実年齢よりちょっとだけ老けて見えるが、スタイルが抜群によく、小ぶりのキュッとした尻がなんともセクシーだ。こいつとヤリてぇ！

「りえさん、ダンナさんとの仲ってどうです？」

「うーん、悪くはないけど、もう家族になっちゃってるんで。異性としてはもう見てないかなあ。ははは」

まあ、そうなんだろう。ダンナを異性として見られない、つまり他の男と恋愛したいからこそ、この場にいるわけで。

さらに会話を進めた。

「失礼ですけど、お子さんは？」

「…いるよ。息子がひとり」

「へえ、いくつですか」

「え、15才だけど」

「じゃ、中3か高1？」

「中3だね」

「来年は受験じゃないですか。いろいろ大変な時期ですね」

「うん」

ぐいぐいと来るタイプではないが、感触は決して悪くない。ここは押すべしだ。

予感は的中した。後日、教えてもらったＬＩＮＥに連絡を入れ、ランチに誘ったところ、ＯＫの返事が来たのだ。

デート当日、ランチを終え、店を出たタイミングで彼女の手を握った。

「りえさん、まだ時間あるなら、ゆっくりできる場所で休んでいきませんか？」

彼女がぎゅっと手を握り返してきた。

「それってラブホテルのこと？　うん、行こ行こ！」

これだから人妻狙いは止められない。

ベッド上で、彼女はその淫乱ぶりを余すことなく発揮した。亀頭から玉袋、さらにアナルへ舌を移動させていく自然な流れは絶品という他ない。

一戦を終え、しばしまどろんでいた折、ふと思い出した。自分のバッグから小さな紙袋を取り出し、女に手渡す。

「そうそう、これをあげるの忘れるところだったよ」

「何これ？」

「お守りだよ。うちの近所に学業成就で有名な神社があるんだよね。息子くんにどうぞ」

「…ありがとう」

こういう小さな心遣いに女は弱い。肉体関係を長続きさせるちょっとしたコツだ。

よほど嬉しかったのか、直後に始まった2回戦で、彼女は前回以上に乱れまくった。

こりゃ惚れられたか？

「息子のチンポで喘いでるんだろ？」

りえとの関係はその後も続いた。月に1、2度、ラブホで互いの体を求め合うだけで、面倒なデートなどは一切ナシ。いわば理想のセフレだ。

ただ、ひとつ気になることが。会話の流れから彼女の息子のことが話題に上がると、決まって様子がおかしくなるのだ。

「息子くん、受験勉強はかどってる？」

「うん」

「母親からしたら心配でしょうがないでしょ？」

「うん」

「やっぱ夜食とか作って部屋に持って行ってあげたりしてんの？」

「うん、たまに」

こういう会話のあとにセックスに突入すると、感じ方が尋常じゃないのだ。むさぼるようにチンコをくわえ、手マンにはエビゾリで絶頂し、果ては挿入中に「イグ〜イグ

～！」と絶叫し。とにかく、エロのギアが一段アップしたようになるのだ。

そういえば初めてのデートで息子用のお守りをあげたあとのセックスでも、乱れに乱れまくってたし…。どういうことだ？

その答えが明らかになったのは、いつものように彼女とラブホへしけ込んだときのことだ。

彼女が言いにくそうに切り出す。

「あのさ、ちょっと相談したいことがあるんだけど」

「なに？」

「実は私、息子と関係を持ってるんだよね」

想像もしてない告白に一瞬、息が止まった。

「え、近親相姦ってこと？」

キッカケは夏休み、息子が半ばレイプするように彼女に襲いかかってきたのだという。以降、彼女はしょっちゅう体を求められるようになり、現在も関係はズルズルと続いているそうな。

「でも本当は罪悪感でいっぱいなの。どうしたら元の親子に戻れるかな？」

彼女、口ではそう言っているが、本心は怪しいものだ。

なにせ息子を絡めて言葉責めをしてやると…。

「どんな顔して息子のチンポしゃぶってんだ？　見せてみろ、ド淫乱」

「あーん、やめて！」

「息子のチンポであんあん喘いでるんだろ？」

「イグ〜イグ〜！　マンコ、イグ〜!!」

絶対、近親相姦を楽しんでるだろ！

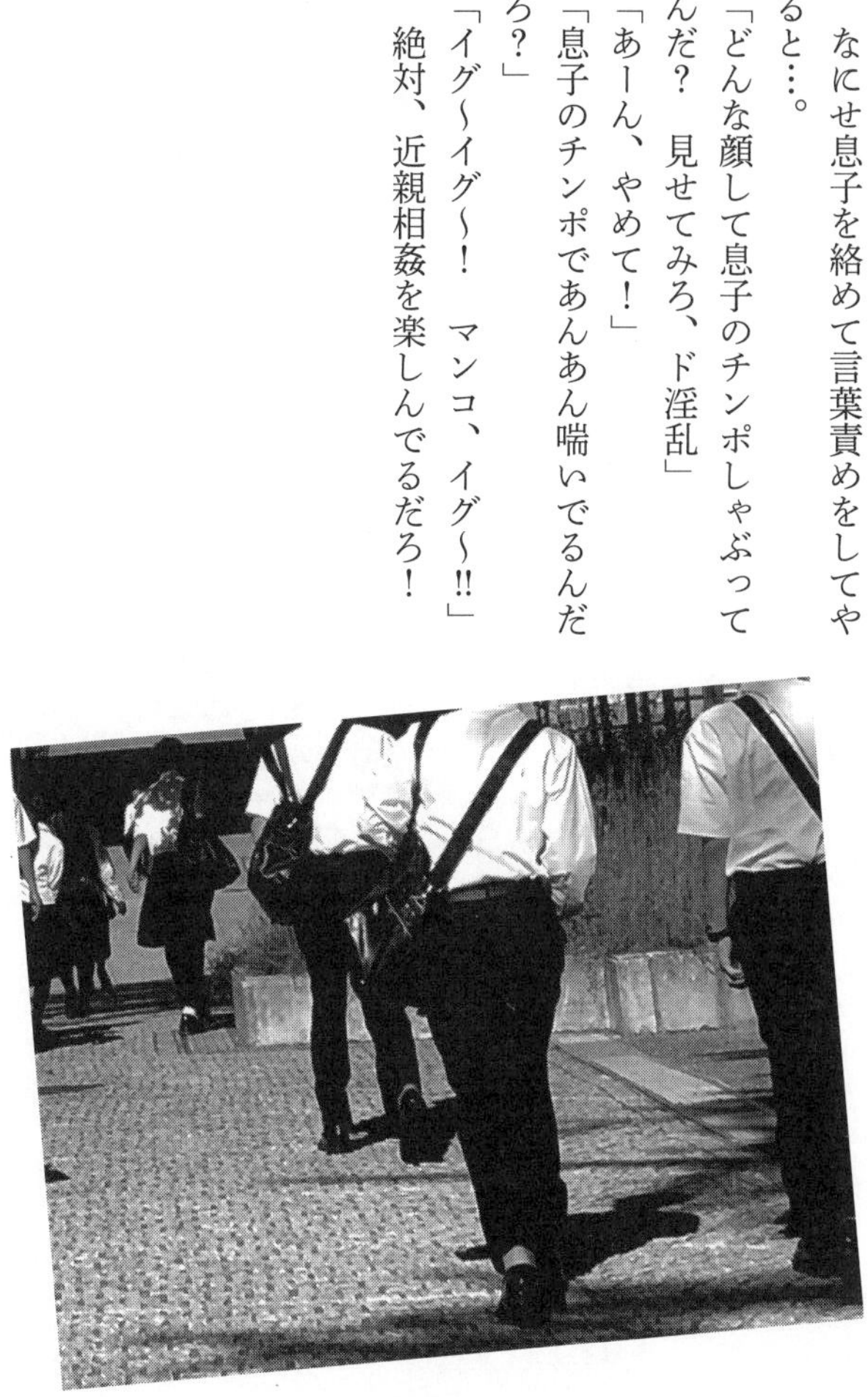

本当にエロい実話Exciting
「裏モノJAPAN」読者投稿傑作選

使用済みの臭いパンティを買わせていただいてる奥さんとデパートでばったり遭遇！

後藤東吾／東京都 40才 会社員

「裏モノJAPAN」2020年12月号掲載

今年40才になる私の趣味は、女性の使用済みパンティでオナニーすることです。

淫靡で脳天を直撃するようなメスの芳香。視覚にビビッと訴えかけてくる茶色いシミ。

使用済みパンティの奥深さは計り知れません。

普段、私は使用済み下着販売サイトからブツを入手しています。

そこは大勢のシロート女性が出品者として参加しているのですが、特に気に入っている出品者が3名います。

それぞれルックスが抜群なのにもかかわらず、購入物（パンティやオリモノシートなど）のニオイがあり得ないほど強烈なのです。なんてイヤらしいのでしょう。

パンティの持ち主と出くわすなんて

今年9月、買い物のため新宿を訪れたときのことです。

休日とあってか、新宿駅前は相変わらずたくさんの人出で賑わっていました。いまだコロナの影響が続いてるため、行き交う人はみなマスクをつけています。

もちろん私も着用していましたが、マスクの内側にはオキニ出品者からゲットしたオリモノシートをセットしていました。街を歩きながら女性の淫臭を嗅ぐ。外出時は毎度のことです。

デパートで目当ての商品を購入し、また駅に戻ろうとしたとき、違和感のようなものを覚えました。

目の前でベビーカーを押しながらスマホをいじっている女性。彼女の顔に見覚えがあったからです。あれ、もしかしてこの人、Mちゃん？

Mちゃんは、サイトの常連出品者で、私のオキニ3人衆のひとりなのですが、彼女のプロフページに10枚以上貼られているボカシなしの顔写真と、目の前の女性がそっくりだったのです。

プロフによると、20代半ばのMちゃんは子供のいる人妻らしいので、その点も合致している。何より、Mちゃんは身長が１４５センチしかないのですが、目の前の女性もそれくらいの小柄さなのです。間違いありません。やっぱりこの人はMちゃんだ！

感動しました。まさか日ごろオナニーのオカズにしているパンティの持ち主と街中で出くわすなんて。

こんな機会は滅多にありません。私はマスクの中のオリシーを人目につかぬよう取り出し、カバンに忍ばせていたMちゃんのオリシーに付け替えました。

尾行、スタート。

「いつもオカズにしてます」

あとをつける目的は言うまでもありません。Mちゃんの自宅を突き止めようというのです。

それが叶えば彼女の自宅から出るゴミ袋を漁り、生理ナプキンなど、サイト経由では手に入らないお宝をゲットできるわけです。

ベビーカーを押した彼女は雑貨屋を何軒か回ったあと、こじゃれたカフェのテラス席へ。素知らぬ顔で私も近くの席に腰を下ろしました。

コーヒーを飲みながら、彼女が我が子に話しかけます。

「今日は暑いよね〜。●●ちゃん、汗かいてない？」

初めて聴くMちゃんのナマ声。それがマスク内のオリシー臭とリンクすることで、興奮はいやがおうにも高まっていきます。

ああ、こんなにカワイイ顔と声の持ち主なのに、股間の分泌液は涙が出るほどクサいだなんて！

カフェを出たMちゃんが次に向かったのは、子供服のショップでした。

「これ、●●ちゃんに似合うかな。ちょっと派手だね」

彼女の声を聞くたび、マスク越しの呼吸が荒くなります。スーハー。スーハー。

「●●ちゃん、こういうのはどう？」

スーハー。スーハー。ああ、もうたまらん！

しかし、その後もMちゃんは店巡りを続け、一向に帰る気配を見せません。さすがに私も疲れてきました。

（はあ、尾行はあきらめておとなしく帰るか…）

とはいえ、このまま何もせず立ち去るのはもったいない。

そこでふと、いいアイディアが。

意を決して、路上を歩くMちゃんに近づきます。

「あのう、すいません」

「はい？」

彼女が振り帰ると同時に、マスクからオリシーをつまみ出しました。

「Mちゃんのファンです。いつもこれをオカズにさせてもらってます」

キョトンとしていたMちゃんの顔に、みるみる嫌悪の表情が広がっていきます。そのまま何も言わず、彼女は去っていきました。

ほんの一瞬ですが、Mちゃんと言葉を交わせたこと、さらにセクハラまでできたことで、今後のオナニーライフは深みを増すことでしょう。ありがとう、Mちゃん。これからもキミの汚パンティ、買い続けるからね！

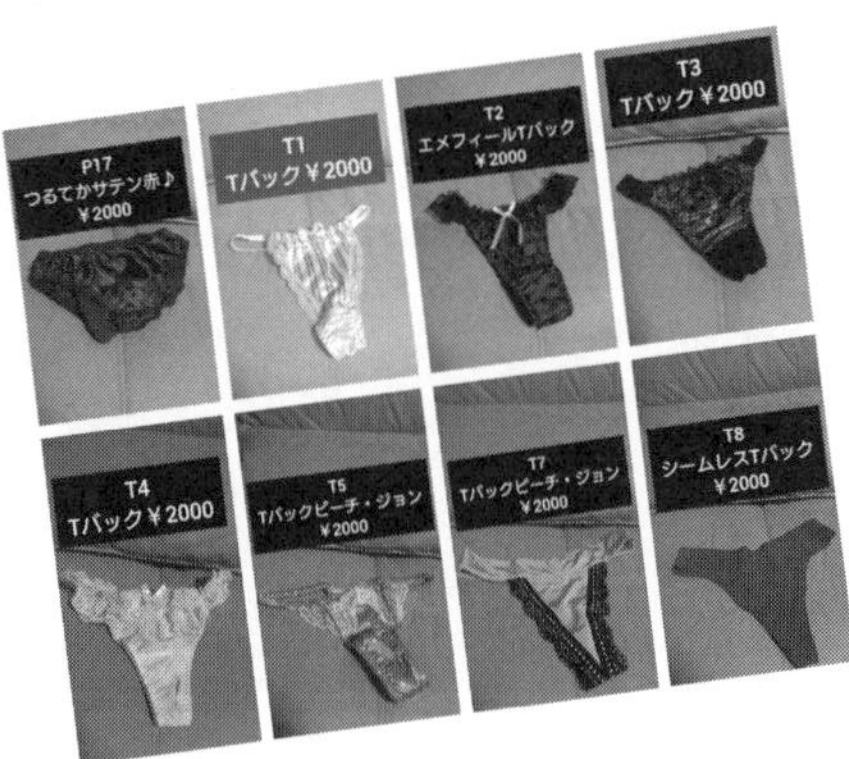

本当にエロい実話Exciting
「裏モノJAPAN」読者投稿傑作選

目出し帽の女が正座でお出迎え。代々木のマンションでフェラ売春する女がいます

羽田洋介（仮名）／東京都 32才 会社員

「裏モノJAPAN」2020年3月号掲載

年明け1月6日の深夜11時ごろ。新年会の帰りで、酔いが回ってムラムラしてきたので、出会い系サイトの書き込みを覗いてみたら、ものすごく気になる書き込みが目に留まった。

『あけおめ！　今夜、これから代々木の自宅で玄関に入るなり覆面して座ってるんで、ジッパーを下ろし口に入れ、出したらそのまま去ってくれる方を募集（^^）　お願いあり。自宅を教えるから、それなりに信用できる人で！』

自宅の玄関で、覆面姿でフェラしてくれるらしい。自宅援交の書き込みはたまに見か

けるけど「覆面フェラ」というのはかなり珍しいのでは?

『ジッパー下ろしてお口にね(^o^)/』


最初は頭のオカシイ女の書き込みかとも思ったが、この手の書き込みは、ノンケのチンポをしゃぶりたいだけのホモや女装子の可能性もある。

だが、そのときはかなり酔っていたこともあり、勢いで会いに行くことにした。サクっと抜いてもらおう。

『こんばんは。メッセージ見ました。よかったらお願いできますか? いま渋谷にいるのですぐ行けると思います!』

『こんばんは(^^) 有難うございます。良いですよ! 5千円だけお願いしてます。渋谷だと近いですね』

返信はすぐに届いた。たぶん俺以外にメールが来てないんだと思う。

覆面さんが詳しい住所を送ってくれた。マンションの入り口に着いたら連絡して欲しいとのこと。

20分後、指定されたマンションに到着して驚いた。けっこう小綺麗で大きなマンションだ。いいとこに住んでるな。

『到着しました！』

『はーい。○○号室です。オートロック入って、部屋の鍵はあいてるから、上がって椅子に5千円置いたらプレイ開始ですねっ！　入ったら座ってるんで、あとはジッパー下ろしてお口にね(^o^)/』

やけにテンション高めなのが気になるが、突撃だ。

オカマじゃない。たぶん女だ

ドキドキしながら指定された部屋のドアを引くと、カチャリと音がして、スッと開いた。室内は真っ暗…うわっ！

あまりの衝撃映像に、おもわず身体がビクッとしてしまった。

玄関すぐの床の真ん中に、黒い目出し帽をかぶった中肉中背のワンピース姿の女が正座して、こっちを見ていた。

「こ、こんばんは…」

「こんばんは〜。緊張しなくていいのよ〜」

女がしゃべった。ちょっとオバサンっぽい気もするけど、オカマじゃない。たぶん女だ。目が慣れてきたら、目だし帽の小さな穴から覗く目元がハッキリ見えてきた。俺の見立てでは、30代の女かな?

「じゃ、そこにお金、置いてくださいね」

「あ、はい…」

マスク女が玄関脇の白い椅子を指差した。財布から5千円を出して、椅子の上にそっと置く。

「ありがとうございまーす。それじゃあ…」

といいながら、女が正座のまま、ツツツーと俺の目の前へ。ベルトを外してパンツを下げて、目出し帽の前にチンポを差し出す。緊張と恐怖で我がチンポは小さく縮こまったままだ。

パクッ…モグモグ…ペロペロ…ジュプジュプ…。

気持ちいい。なかなかウマイじゃないか…。

股間で蠢く黒マスクを眺めているうちに、謎の興奮に包まれてきた。なんだこれ、俺はどこで誰にチンポをしゃぶられてるんだ…。あ、出る。

間もなくして、女の口の中にドクドクと発射した。

「ウフフ…すご〜い、けっこう出たわね〜」
「いや〜気持ちよかったっす。じゃ、また来ますね」
「うん、またね〜」
　最初は、色々と質問するつもりだったのに、あまりの衝撃映像のせいですべてすっ飛んでしまった。ま、フェラ上手な女だとわかっただけでも収穫でしょう。

募集詳細

すぐ会いたい　12件　★ 1/無制限

書込み：0:09

あけおめ！これから、で…。

こんばんは(^-^)

今夜、これから代々木の自宅で用の口元だけ開いた覆面マスクを着けてストで待機するから、玄関入るなり座ってるんで、ジッパーを下ろし口に入れ、を使うから、に出したらそのまま去ってくれる方を募集(^-^)お願いあり。

自宅を教えるから、それなりに信用出来る人で！！

エチケットある、年下〜34歳くらいでお願いします👍

・以前、このシチュエーションで、都市伝説とかで月刊誌に掲載されたこともあるし、三年くらい暇な時に募集して実績あるので安心して来て下さいね。

古畑コウスケ／25才 会社員

男が女顔に、女が男顔に。性別入れ替えアプリでチャットセックスしてみたら…

ＦａｃｅＡｐｐという画像加工アプリが人気だ。男の顔写真が面影を残したまま女になり、同様に女の顔も男になるだけのシンプルなものだが、無料という手軽さからＳＮＳで流行中なのだ。今回はこのアプリのおかげで起きたラッキーを紹介しよう。

男になった顔は送れるんだ

「裏モノJAPAN」2020年9月号掲載

先日、出会い系サイトでメールのやり取りにまでこぎついた相手が22才の亜由美だ。が、プロフに写真がないため、当然のように俺はこう希望した。

〈写真の交換しようよ〉

時間を空けて返信が。

〈すみません。写真交換はちょっと…〉

うーん、メールを続ける意欲が途端に失せた。ほかをあたろうか。と、そこに亜由美から1枚の写真が送られてきた。ヒゲを生やした男の画像だ。これってアレか？

〈ＦａｃｅＡｐｐで作った写真だよ！〉

なるほど、男になった顔は送れるんだ。流出とかしても平気だもんな。

ま、これだけ見ても美人かどうか判断しようがないわけだが、ちょっくら付き合ってやるか。

さっそく俺もアプリで女になった顔写真を送ってやった。なかなか可愛いだろ？

〈コウちゃん、美少女だね！〉

〈そうかな。あゆ君もイケメンじゃん。私、あゆ君みたいな彼氏がほしいな〉

女になったノリでしゃべってみたら、向こうも乗ってきた。

〈俺みたいな男でいいの？〉

〈うん、ヒゲが素敵だし〉

〈へえ、俺もコウちゃんのことタイプだよ〉

別人になりきると、何だって言えてしまえる感覚はわかるだろうか。役者のような気分と言うか。

おかげでやけに会話は盛り上がり、結局ＬＩＮＥに移行して、翌日もずっと男女入れ替えで会話してしまった。


「だって俺には中出ししてきたじゃん」


そしてその夜、軽い勝負に出てみた。

〈あゆ君、オチンチン大きいの？〉

〈普通かな。コウちゃんのオッパイは？〉

おっ、ノリノリじゃん。

〈Ｅカップだよ。触ってくれる？〉

〈うん、こんな感じ？〉

〈乳首も触って欲しいな〉

〈いいよ。指でつねってみるねー〉

かくして男女入れ替わってのチャットセックスが始まった。亜由美も男としてのプレイだから、そう恥ずかしくはないのだろう。

とはいえ、性癖らしきものは見えてくるもので、どうやら亜由美の頭の中には、荒々しく女を扱うイメージが根強くあるようだ。フェラなら喉の奥に突っ込んでくるし、立ちバックなんぞもやろうとしてくるし。

〈あん、あゆ君、激しいよ。イッちゃう！〉

〈俺も気持ちいいよ。中に出すぞ！〉

〈ダメだよー〉

〈うるさい、中に出すぞ！〉

こんな調子だ。単なる耳年増の頭でっかちなのか、隠れた願望の表れなのかはわからんが。

★

こんなことを数日も続け、ようやく実際の対面にいたった亜由美は、まあまあのブサイクだった（泣）。

しかし事前に、会ったら本当にエッチしちゃおっか、と約束していたので、するっとホテルへ。

案の定、彼女はむりやり犯されるようなプレイがお好みのようで、イラマも立ちバックも味わわせてあげた。

「中に出そうか？」

「え…」

「だって俺には中出ししてきたじゃん」

「やだやだ」

「出すぞ、いいな」

「…うん」

やっぱり男女入れ替えチャットには自然と願望が出てくるのかもしれない。一度お試しを。

「裏モノJAPAN」読者投稿傑作選 本当にエロい実話Exciting

援交人妻の車にGPS発信機を。探り当てた自宅に突撃したらタダでセックスできた話

和田和也（仮名）／神奈川県 40才 自営業

「裏モノJAPAN」2020年2月号掲載

先月の裏モノで、小型GPS発信機を使ったストーキング方法が紹介されていたが、俺もGPSを使ったちょっとした悪さを働いている。

「番犬ドンデ」という小型GPS発信機は、車の盗難や車上狙いを防ぐためのもので、強力な磁石付き専用ケースに入れれば、他人の車に簡単に取り付けられ、スマホの専用地図で半径50メートルの範囲までターゲットの位置を絞り込める代物。精度が高く使い勝手もいいため、興信所などのプロも浮気調査などで使っているらしい。

このGPS発信機、何に使えば楽しいことになるだろう？　真っ先に思いついたのが、

援交してる人妻たちのクルマだった。

俺はほぼ月イチの頻度で、出会い系で援交しているのだが、30代を中心に相手を探していると、とにかく既婚者によく出会う。

彼女たちは、待ち合わせ場所に自分のクルマでやってくることが多いので、その車体にGPSを取り付ければ、簡単に自宅がわかるはずだ。

ある日突然、自宅に援交相手の男が現れたらどうなるだろう。ビビってタダでヤラせてくれるんじゃないか？

地図が街の住宅街の一角で停まった

ターゲットは、出会い系で見つけたエンコー女、ユカ30才だ。

「当日は車で向かいますね」とのことなので、ドンデを準備し、待合せ場所の某ショッピングモールに向かった。

約束の時間、モールの駐車場に停めた水色の軽自動車から出てきたのは、小綺麗な格好をしたちょいポチャ美人だった。

「初めまして」

「初めまして。よろしくお願いします」

俺の車に乗り込んできたユカとホテルで濃厚な一発をキメて、再びショッピングモールの駐車場に。

さて問題はここからだ。一緒に車を降りて、さりげなくユカの水色の車へ。

「今日はありがとね」

そう言いつつ、車の屋根にドンデをペタンとくっつける。意外と目をやらない場所なので、すぐにはバレっこないだろう。

彼女と別れた直後、すぐに地図にログインして、位置を探る。ドンデの待受時間は一回の充電で2週間ほど持つが、くっつけた場所が場所だけに、なるべく早く回収したい。

2時間後、ドンデの地図が、街の住宅街の一角で停まった。すぐに現場に向かい、GPSの示した周辺をしばらく探す。

あった！　古い一軒家の駐車場に、さっきの水色の軽自動車を発見した。取り付けたドンデを回収し、ポストで名前を確認する。田村さんっていうのね。

隣には旦那のものと思しきワゴン車と、子供の自転車も2台。4人家族だろうか。

「ちょっと、おじゃましていい？」

何日かかけて、自宅周辺を見張ったのち、平日の日中、彼女の車だけが自宅に停めてあるタイミングに、自宅に突撃することにした。

ただし、援交をネタに脅したりすると、警察に駆け込まれる恐れがある。そこで考えたのがこの作戦。

ピンポーン。

チャイムを押すと「はーい」と女の声がして玄関のドアが開いた。

「あ、どうも。覚えてる？　この前、○○ってサイトで会ったんだけど」

「あっ…」

一瞬でユカの顔が真っ青になった。

「ごめんね、いきなり。実はさ、俺すぐそこのマンションに住んでて」

「えっ!?　そうなの？」

「そう。それで見かけてビックリしてさ。実は旦那さんとも家の前で何度か挨拶したこともあるのよ。だから、怖くなっちゃって。サイトのこと、旦那さんに言ってないよね？」

「言ってない言ってない！　言えない、そんなこと」

　脅しに来たのではなく、旦那にバレるのが怖いので口止めに来た近所住まいの男。これなら、相手も必要以上の警戒心を持たずに接してくれる。読みは大当たりだった。

「え、いま1人？」

「うん」

「ちょっと、おじゃましていい？　確認したいことあるし」

「え？　まあ…うん」

　困ったような顔をしていたが、強引に家に上がりこみ、その30分後にはリビングのソファでセックスした。もちろんお金は払っていない。やはりバラされるのが怖かったんだと思う。

　その後、同じ手法で別の援交人妻の自宅に突撃し、タダマンに成功している。

「裏モノＪＡＰＡＮ」読者投稿傑作選　本当にエロい実話Exciting

付き合うことはムリでも、俺の精液をすべて飲ませてオキニ嬢の体内を支配したい

神戸太郎／神奈川県 42才 アルバイト

「裏モノJAPAN」2019年8月号掲載

あるホテヘルの女の子に惚れてしまった。21才女子大生、そらちゃん。黒髪清楚系の、万人が認める美少女だ。

こちら、いまだ独身、実家暮らしの42才。彼女を恋人にすることはまず不可能と思われるのだが、どうにかして自分のモノにしたい。したくてタマらない。

結局のところ、それはあきらめた。その代わり、そらちゃんの体を俺の成分で満たして、満足することにした。

え、意味がわからない？

俺の頭にはある人生計画が

初めてその素晴らしい行為を思いついたのは、プレイ終盤のことだった。いつもは正常位素股でベロチューしながら発射するのに、その日はやけに興奮してしまい、手前のイラマチオでドピュッと出てしまった。

口の中に精液をふくみ、「ん～～」とうめいているそらちゃん。ああ、その表情、なんて愛おしいんだ。

「ゴックンしてくれる？」

「ん～～（首を横に振る）」

「ゴックンはオプションだっけ？」

「ん～（タテに振る）」

「じゃあオプション料金払うよ、ゴックンして」

ゲンキンなもので、お金をもらえるとなると彼女はすぐに精液を飲み込んで、空っぽになった口の中を見せてくれた。

「ほら、飲んじゃった」

その瞬間に沸き上がる、得も言われぬ充足感！　そして俺の頭には、ある人生計画がひらめいたのだった。

――これから死ぬまで、すべての精子はそらちゃんに飲ませてあげる！――

週に一度、溜めまくった濃い精液をそらちゃんに飲ませる。これにより、俺の分身はすべて彼女の体内に入り、胃や腸にはいつも俺がいることになる。変なプレゼントを身に着けてもらうよりよっぽど一心同体感が強いじゃないか！

彼女の消化器系は俺の精子で満たされ

以降の日常生活は、いかに精子を溜めるかに力点が置かれることになった。

たんぱく質をたっぷり摂り、亜鉛などのサプリも飲む。もちろんオナニーは我慢だ。他で放出してしまうと、それだけ精子が薄くなり、彼女の体内でのパワーが弱くなってしまう。

そらちゃんとのフィニッシュは、口内発射からのごっくんが決まりとなった。オプションの4千円は痛いけれど致し方ない。

やがて5回6回とごっくんを繰り返すうち、だんだん充足感が増していった。いまや彼女の消化器系は俺の精子で満たされている。いわば我が娘のようなものじゃないか。

「ねえ、俺の精子ってどんな味？」

「ん〜、苦いけどおいしいですよ」

「お腹で動いてるって感じ？」

「あはは、動かないですよー」

そりゃそうだな。

そしてごっくん生活が3カ月ほど経ったころ、つまり10回以上は飲ませたあたりで、ぽろっと告げてみた。

「俺の精子は全部そらちゃんに飲んで欲しいんだ。だから他では出してないんだよ」

告白を聞いて、彼女はあっけらかんと答

えた。

「あー、そういうお客さん、他にもいるんですよ。だいたいみんな濃いんですよね、精子」

なんと、同じ考えのヤツがいたとは！　ということは…そらちゃんの体内では、いろんな男の精子が入り混じってるわけか。

考えてみりゃ、彼女はごっくんＯＫ嬢なのだから、俺の精液だけを飲んでるはずがない。さらに、全ての精液を飲ませたい客が他にいるのなら、俺の精子なんて腸内のほんの数％でしかないだろう。

こうなりゃ、飲ませる頻度を週３くらいまで上げて、腸内支配率のパーセンテージを上げるしかないのか？

本当にエロい実話Exciting
「裏モノJAPAN」読者投稿傑作選

60代マダムなんてまだまだ若い！ 75才の女もセックスするんですよ（でもキスとフェラは拒みます）

宮崎信一郎／東京都 63才 会社員

「裏モノJAPAN」2019年8月号掲載

数カ月前の裏モノに掲載されていた60代マダムとセックスする記事を読んで、私の経験談を聞いて欲しくなりました。

驚くなかれ、私は現在75才の女性と関係を持っている真っ最中なのです。

そこで今回は70代の女性とのセックスがいかなるものか、皆様にお伝えしましょう。

まだまだ、彼女たちも現役の「女」なんですよ。

頭にパーマを当てて手はシワだらけ

コトの発端は昨年9月。仕事先の知人の紹介で、お茶飲み友達としてサチコさん（当時はまだ74才）に出会いました。

「初めまして、高田サチコと申します。こんな年寄りですが、仲良くしてくださいな」

第一印象は物腰の柔らかい普通のお婆さん。頭にパーマを当てて、手はシワだらけの、誰もが想像するお年寄りです。

ただし身なりだけはしっかりしていて、腰も曲がっておらず、なんとも上品な雰囲気を醸し出しています。

さっそく喫茶店でコーヒーを飲みながら、お互いの経歴や生活について他愛もない話をしました。というか旦那さんはいないのかな。

「サチコさんはご結婚してるんですか？」

「実は夫とは10年ほど前に死別しているんです」

「そうですか。失礼しました」

「いえいえ、たまに近所に住む長男夫婦と食事をする程度で、ずっと暇を持て余してるんですよ」

その言葉に長年の勘が働きました。この女性は私を誘っているんじゃないか、と。言葉では説明しにくいですが、潤んだ瞳が女を捨てていないことを語っていたのです。

とはいえ、相手は70代のお婆さん。喜んでセックスしたい相手ではありませんが、別の好奇心がムクムクと湧いてきました。

こんな婆さん相手でも私のチンコは勃つだろうか。彼女のマンコはまだ濡れるのだろうか。うーむ、気になって仕方ない。

喫茶店から出て駅に向かう途中、思い切って彼女の手を握ってみました。

「サチコさん、あなたと話をしていたら、興奮してしまいました。これから一緒にホテルへ行きませんか？」

彼女は戸惑いの表情を浮かべていましたが、まんざらでもない顔で答えてくれた。

「えーと、今日は準備をしてないから、また会ったときにしましょうよ」

え？　それって次会ったらセックスできるってこと？

白髪交じりマン毛をかき分けて

翌月、互いの予定を合わせて、前回の喫茶店で待ち合わせました。

「お待たせしました〜」

そう言いながら席に着くサチコさんは、心なしか以前よりも化粧が濃い。やっぱり、これからホテルに行くことを意識してるのでしょう。

数分の世間話をしてから、近くのビジネスホテルに向かうことになりました。よし、いよいよ楽しみにしていた時間が始まるぞ。

2人で仲良く入室し、先にシャワーを浴びてもらう。

バスタオルを巻いた彼女が出てきて一言。

「こんなことをするのは久々で緊張してしまいます」

なんともウブな反応です。詳しくは教えてくれなかったが、セックスは10数年ぶりとのこと。そりゃ、ヤリまくってる年齢じゃないもんな。

ベッドに並んで座り、体を引き寄せる。キスしようと顔を近づけると、そっぽを向かれてしまった。

「ごめんなさい。キスはちょっと…」

どうやら、キスはNGらしい。死んだ旦那に申し訳ないのか、入れ歯の口臭を気にしているのか。理由はわからんが最後までキスはさせてくれなかった。

タオルを剥がすと、お腹の辺りまで垂れたおっぱいが現れた。若いころはキレイな形だったのだろうが、もはや見る影もない。

茶色くて大き目の乳頭をコリコリと指で刺激してみる。

「んっ…」と小さく喘ぐ声が聞こえてきた。おお、年齢のわりに感度は悪くない。

おっぱいを中心に攻めてから、下の方に手を伸ばす。

白髪交じりマン毛をかき分けて、マンコを触って驚いた。

軽く濡れていたのだ！

「サチコさん、もう濡れてるじゃないですか」

「恥ずかしいから言わないでください」

「それじゃ今度は、私を手でシゴいてくれませんか？」

「ええ、わかりました」

スムーズに手コキが始まったが、これはまったく気持ちよくない。握力がほぼないのか、軽く握られているだけ。これでは、もの足りません。フェラをお願いしましょう。

「じゃあ次はクチでやってくれませんか？」

すんなり言うことを聞いてくれるかと思いきや、首を横に振る彼女。

「私は商売女じゃないんですよ。そんなことできません」

フェラに抵抗がある世代なのか、売春婦のやることだと思っているらしい。仕方ないそろそろ挿入といきましょう。子どもができる心配もないので、当然そのままナマ挿入です。

グググとゆっくりチンコを中に押し込んでいく。思っていたよりもキツくて中々良い具合です。こりゃ気持ちいい。

ゆっくり腰を動かすと、サチコさんのアエギ声も大きくなり、最後には「イクっ」と甲高い声を上げて昇天してしまった。

一方の私は勃起が持続せず中折れしてしまい、手コキでフィニッシュとなりました。

その後も彼女とは月に一度のペースでセックスを楽しんでいます。女性はいくつになっても性欲がなくならないみたいですね。

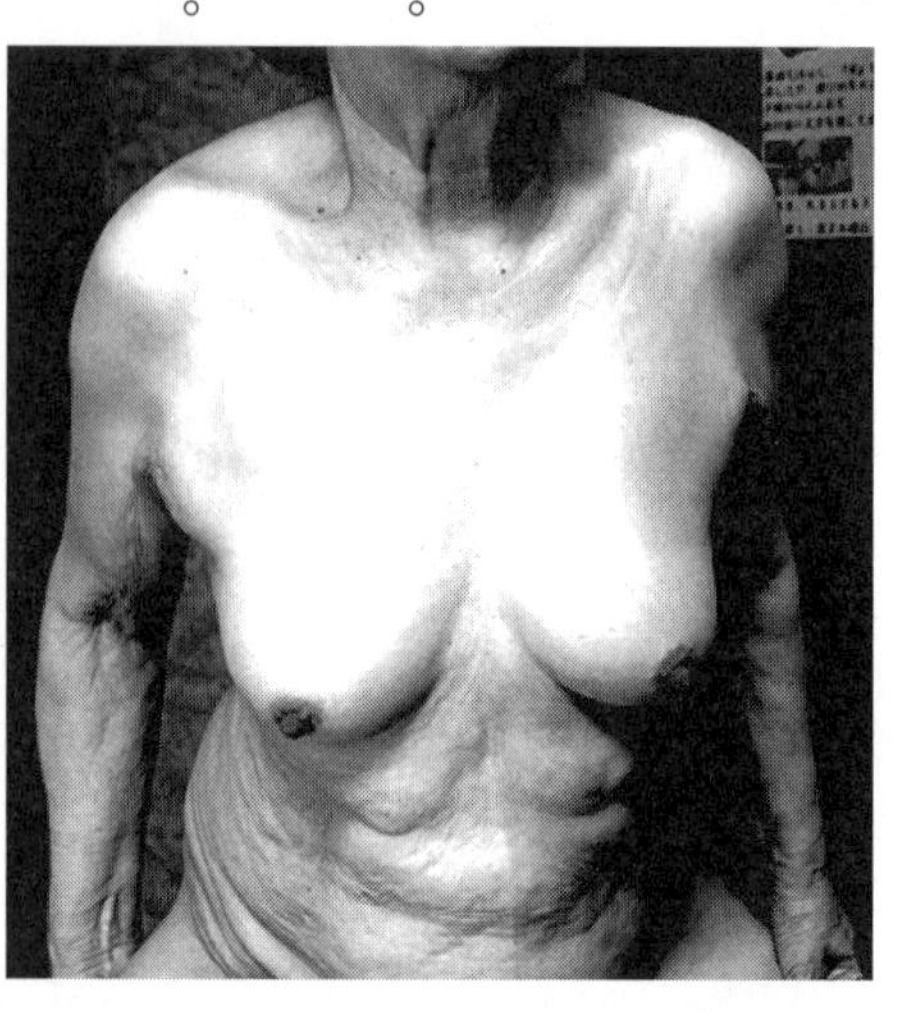

「裏モノJAPAN」読者投稿傑作選 本当にエロい実話Exciting

ソロキャンプブームに乗って1人でテントにいる女子とはこうすればねんごろになれます

坂本圭佑／中部地方 45才 会社員

「裏モノJAPAN」2019年8月号掲載

ソロキャンプの半分が女性

毎年春になると月2回、近県のキャンプ場に行っている。

以前は、俺のようなソロキャンパーは男ばかりだったが、一昨年あたりから変化が出てきた。女性の、しかも若いキャンパーがやけに目立つようになったのだ。最近、テレビなどでソロキャンプが取り上げられ、ちょっとしたブームになっているらしい。

キャンプに不慣れな彼女たちを見ているうちに、どうにかナンパできないものかと考えるようになった。裏モノ愛読者なら当然だろう。

というわけでちょっとした計画のもと、週末、県内にある某キャンプ場に向かった。

いつもなら玄人向けのキャンプ場に行くが、今回は素人女子キャンパー狙いなので、設備の整った初心者向けを選ぶことに。

前もって車のトランクの中には、甘いカクテルやワインの入ったクーラーボックスも一つ用意した。早めの時間に駐車場に車を停め、いつもの要領でのんびり設営していると、予想どおり女性ソロキャンパーたちが続々とやってきて、テントの設営を始めた。夕方5時の時点で全体の7割がソロキャンパーで、そのうちのほぼ半分が女性だ。

場内をウロウロしながらターゲットを探す。中には使い込まれた道具でテキパキ設営するベテラン勢もいるが、俺の狙いはあくまで初心者だ。ソロキャンパーは他人との交流を求めていないことが多いので、むやみに話しかけると嫌な顔をされる。特にベテランほどその傾向が強いのでナンパには向いていないのだ。

俺のテントから10メートルほど離れた区画に、素人と思しき20代後半の女子キャンパーがいた。テントや道具一式がやけに新しく、説明書を見ながら建てた歪んだテントをスマホで撮ったり、なかなか火を起こせずにいたりと初心者丸出し。ターゲットは彼女に決定だ。

ペグを一本ゆっくり引き抜く

夜になり、キャンパーたちが食事を終えて寝る準備を終えたころ、いよいよ作戦決行だ。ターゲットの女の子のテントに静かに忍び寄り、テントを支えるメインロープ用のペグ（地面に刺してロープを張るための道具）を一本、ゆっくりと引き抜く。と、同時にその場からダッシュで逃げる！

「きゃっ！　え〜!?」

ペチャンコになったテントの中から、女の子の声が聞こえた。

離れたところからしばらく見ていたら、テントの中から女が出てきて、マグライトを照らしながら潰れたテントを眺めている。そろそろいいだろう。

「大丈夫？　倒れちゃったの？」

「そうなんです…」

「あ〜、ペグが抜けたんだね。今から張り直すとなると大変だよこれ。音が出ちゃうしな」

「ええ…、どうしよう…」

泣きそうだった顔が絶望の色にかわった。こちらは笑いを堪えるのが大変だ。ベテランならこれぐらいすぐに直せるが、初心者には難しいだろう。

「俺のテントに簡易ベッドがあるからそこで寝ていいよ。俺は予備のマットがあるからさ。テントも5人用だから広いし」

「え、いや…そんな、悪いですよ」

「気遣わなくていいよ。1人でお酒飲むのも寂しいし、良かったら少し付き合ってよ」

彼女も駐車場に停めた自分の車で寝る以外に方法がないことはわかっている。森の中の駐車場まではそこそこ距離もあるし、車中泊では味気ない。さあどうする？

「すみません…。それじゃ、お世話になっていいですか？」

よっしゃ！　第一段階成功だ！

すぐに俺のテントに移動して、2人だけの宴が始まった。

ワインで乾杯し、互いの自己紹介から始まって色々な話をした。彼女は市内の某企業に務めるOLさんで、仕事終わりにソロキャンプをしてみかったたんだそうな。

「このお酒美味しいです〜。でも、こんなにカクテルいっぱい持ってきてるのおかしいですよね〜」

「え〜？　何が？」

「最初から女の子誘うつもりだったんじゃないんですか〜」

こちらの魂胆はバレてるようだが、デロデロに酔っ払った彼女はまんざらでもない様子。結局、ワインボトルとカクテル缶を開けるころには、マットの上でハメ倒すことができたのだった。

その後、まったく同じ作戦で、今年5回チャレンジして、30代の人妻キャンパーともハメることができた（残りの3人は車中泊された）。皆さんも試してみてはどうだろう。

インスタにもこんなにいます

本当にエロい実話Exciting
「裏モノＪＡＰＡＮ」読者投稿傑作選

動画配信アプリ「ショールーム」でタレント志望の女の子をハメるニセ芸能プロの男

匿名／東京都 42才 自営業

「裏モノJAPAN」2019年7月号掲載

若い女の子、とりわけ芸能の世界に興味を持った子たちの間で「ショールーム」という動画配信アプリが人気だ。

昔から芸能界を目指す女は騙されやすいと言われるが、オレはこのアプリで配信する素人の女の子たちを、ダマしてハメている。

興味あるなら連絡もらえるかな？

「ショールーム」は、一般人はもちろん、ＡＫＢなどのアイドルや声優、モデルなど、本物のタレントたちのライブ配信を無料で視聴でき、コメント欄などを通して双方向でコミュニケーションできるサービスだ。

当然、人気は本物のタレントたちだが、「アマチュア」というタブを開けば、一般の素人たちがズラリと並ぶ。時間帯によって違うが、およそ2割が男性で、8割が10代から20代の若い女の子たちだ。

彼女らの多くが、本気で芸能界入りを目指していて、中には素人とは思えないほどの超絶美人や、トークや歌のスキルの高い子もいる。

が、俺の狙いは、ちょいカワレベルで視聴者数も１００人を下回る、やや不人気の女の子たちだ。

彼女らのトーク配信中に「可愛いね」「面白いね」とコメントを送りつつ、「どこ住んでるの？」と、住所を尋ね、物理的に会えそうな子だけをピックアップしていく。

ちなみに、俺のプロフ欄には、あらかじめ作っておいた連絡用のツイッターアカウントと、『都内在住　某芸能プロダクション勤務』というコメントを載せている。

『○○ちゃん可愛いね。声もいいし。将来はどんな感じを目指してるのかな？』

『本気でアイドルを目指してます(^^)』

『そっか。俺プロダクションの仕事してるから、興味あるなら連絡もらえるかな？』

囲みと呼ばれる男性ファンが多い子の場合、彼らから『ソイツ怪しいから連絡しない方がいいよ！』などと妨害コメントが入ることもあるが、人気のない子は、プロダクションの男からの誘いに有頂天になるのか、簡単に信じてくれる。

以上の手法で、2カ月ほどで4人の女の子たちとツイッターのDMでやり取りするまでになった。

今度は水着の写真もいっちゃおうか？

最初の面接にこぎ着けたのは、都内在住の23才のフリーター、Aちゃんだ。

『当日は、履歴書はいらないけど、軽くスナップを撮りたいから、可愛い格好してきてね』

『わかりました(*^^*)　よろしくお願いします』

待ち合わせ当日、シンプルなワンピース姿で現れたAちゃんを、近くの公園に連れていき、自前の一眼レフカメラで適当に撮影。つづいて近くの喫茶店に移動し、面接開始だ。

「Aちゃんはいま1人暮らしなんだっけ？　ご両親は、Aちゃんがアイドルになりたいことは知ってるのかな？」

「はい、一応、25才になるまでは応援するよって言ってくれてます」

「なるほど。ま、いざとなれば僕たちが説得に行くから、そのへんは心配しないでね」

こんな感じで適当にメモを取りながらニセの面接をこなし、「社内で検討してからまた連絡しますね」と、その日はいったん解散。名刺も渡していないのに、彼女は俺のことをプロダクションの人間だと完全に信じきっているようだ。

3日後。再び彼女に連絡だ。

『この前撮影した写真、社内ですごく評判良かったよ』

『本当ですか？　ありがとうございます』

『今度は水着の写真もいっちゃおうか？』

『はい。よろしくお願いします m(_ _)m』

芸能プロの面接と言えば、水着撮影は基本。Aちゃんには前もって「カメラマンとか用意するとお金かかっちゃうから、俺1人で撮影しちゃうね」と伝えてあるので、ホテル行きは確定だ。

撮影当日、Aちゃんを駅前のシティホテルに連れ込み、持参してもらった水着に着替えてもらう。

「なんだ、スタイルもいいじゃん。Aちゃん最高だよ」

「ありがとうございます」

「じゃ、そろそろ、もうちょっと大人っぽいの撮ろうか。脱げるよね？」

「え〜と…」

「あ、俺さ、Aちゃんのこと、個人的にすごく気に入ったから、上の人間に本気で推そうと思ってるのね。意味わかるよね？　本気で有名になりたいんでしょ？」

「はい…」

　ベタなやり取りだが、芸能界を目指す女の子た

ちは、こういう展開は普通にあると思い込んでいるらしく、結局、彼女は俺に言われるまま、最後までヤラせてくれた。

★

その後、Aちゃん以外の3人ともホテル面接に進み、19才で処女だった1人を除く2人と、すんなりヤルことができた。やはり今も昔も、芸能界を目指す女は騙されやすいと思う。

「裏モノJAPAN」読者投稿傑作選　本当にエロい実話Exciting

高橋裕一／28才 会社員

マルチのパーティに参加して、いかにも押しに弱そうな友達作り目的オンナを喰う

楽勝で女をゲットできる、穴場スポットを発見した。我ながら盲点をついた自信があるので、参考にしてほしい。では、順を追って説明していく。

ことの発端は先月の上旬。学生時代の友人から、数カ月ぶりに連絡を受けた。

『おう、久しぶり、なんか知り合いから表参道の近くでパーティに誘われたんだけど、高橋も一緒に行かない？』

なんとも怪しい話なので、鵜呑みにはできないが、興味本位で参加してみた。

「裏モノJAPAN」2019年7月号掲載

「副業とかって興味ありますか？」

数日後の週末、夜7時に原宿駅で待ち合わせた。

久しぶりの再会だったので、互いに近況報告をしているうちに目的の場所に到着。

竹下通りから一本路地に入った場所にあるレンタルキッチンだ。

トビラを開けて中に入ると、簡易的な受付がある。そこに座る女が俺の友人を見つけて笑顔になった。

「あ！　本当に来てくれたんだ！」

どうやら、この女に誘われたらしい。

20畳ほどの室内で、数十人の若い男女が缶チューハイを片手に談笑している。机の上には質素なお菓子が置かれているだけ。なんともシケたパーティである。

1人でヒマそうにしている若い女がいたので、声を掛けてみた。

「どうもー。このパーティってよく来るの？」

「初めてです。あそこにいる子に誘われたんですよ」

「そうなんだ、学生さん？」

「はい。いま大学2年です」

少し談笑して経緯がわかった。インカレサークルの知り合いに誘われただけで、特別仲のいい友人でもないらしい。

そこへ別の参加者の女性がやってきた。

「こんにちは！　皆さん楽しんでますか？」

「ええ、まあ」

判で押したような笑顔に圧倒された。気味が悪い。

「いっぱい、飲んでくださいね？　高橋さんはどんなお仕事されてるんですか？」

「えーと、普通の営業マンですが」

「今の仕事に不安とかはありませんか？」

「いえ、特には…」

なんだかグイグイ来られてしまい、気が滅入る。

「それじゃあ、副業とかって興味ありますか？」

ここで悪い予感が頭の中を駆け巡った。まさか。

「いえ、興味ないですけど」

「えー、絶対やった方がいいです。不労所得って言葉聞いたことありませんか？　私たちのメソッドを使えば簡単にお金が手に入りますよ」

予感は的中。ここから、楽に稼ぐ方法とは名ばかりのマルチ商法の解説が始まった。内容はよくあるネズミ講と同じで、一緒に話を聞いていた、女子大生もかなり引いている。

マルチに誘われる女は押しに弱い

勧誘女が席を外したスキに、女子大生ちゃんに声を掛けた。

「これ、完全にマルチ商法の勧誘だよ。もう外に出ない？」

「はい、そうですね…」

友人を中に残して、いとも簡単に2人でパーティを抜け出すことに成功。その後、近くで飲みなおすことになった。かなり警戒心が薄く、あっさりとついてきたのだ。

彼女は地方出身者で、友人を増やすために参加していたらしい。

彼氏もいないようなので、ぜひともモノにしたい。酒を飲ませてグイグイ口説くと、なし崩し的にタクシーに乗車し、そのままホテルに直行できてしまった。こんな簡単なことがあるのか。

いや、待てよ。マルチのパーティに誘われる女は押しに弱い。てことは簡単にセックスまで持ち込めるターゲットになるんじゃ。

そこで、別のパーティにも参加してみたら、思ったとおり。何も知らされず、友人欲しさに参加している女がわんさかいたのだ。

即日でセックスまで持ちこめたのは一度だけだが、そのまま食事に連れていくことは楽勝だった。

最後にパーティに参加する方法をお伝えする。

今回調べた結果、マルチ商法の勧誘には、フェイスブックが多く使われていた。探し方は、「イベント」というページを開き、そこで「パーティ」というタグを選択。

一覧表示された中で、「人脈」とか「夢」だとか漠然とした、交流会を謳っているのは、ほぼ間違いなくマルチの勧誘パーティだ。

そこに参加している女は簡単に落とすことができる。間違いない。

「裏モノJAPAN」読者投稿傑作選 本当にエロい実話Exciting

保育園の園児用トイレでおしっこするママ友の顔が今も大切なオカズになってます

加藤孝雄／東京都 35才 会社員

「裏モノJAPAN」2019年6月号掲載

息子（現在4才）が保育園に通うようになってからちょっとした楽しみができた。同級生の母親たちがときどき我が家に遊びに来るようになったからだ。特に、西村さんはうちの嫁と大の親友で、週に一度のペースでやってくる。

ラッキーというべきだろう。子供2人の母親ながら女子大生と見間違えそうなほど若く、しかも性格おっとりの美人さんなのだ。あれでうちのトド（嫁）と同じ38才というのがとても信じられない。ダンナさんが羨ましい限りだ。

しかし、これだけ意識していながらも、いやだからこそなのか、西村さんとまともに話したことはほとんどない。いつも嫁とくっちゃべるその横顔を遠慮がちに眺め、そしてたまに彼女を思い出してはトイレでシコる、そんな程度の距離感にすぎなかった。

成人女性が慌てて顔を隠して…

昨秋、嫁と連れだって保育園の運動会に出かけた。園庭にはすでに大勢の保護者たちが所狭しと詰めかけ、みな手にカメラやスマホを持って雑然としている。

人混みをかきわけようやく自分たちの場所を確保。一息ついていたところに、聞き覚えのある声が飛んできた。

「あーお疲れ！　いま来たの？」

西村さんだ！

彼女は俺に軽く会釈したあと嫁とぺちゃくちゃ話し始めた。隣にいるサエない感じの中年はダンナさんだろうか？　ふうん、あんなのが趣味なんだ。俺の方がだいぶマシじゃね？

5分ほど話すと、西村さんはダンナと自分たちの場所に戻っていった。尻をフリフリして歩く姿がタマらない。よし、今晩は久しぶりに彼女でシコるぞ。

プログラムは無難に進行していき、やがて中休みに。息子がふいにこちらにやって来た。

「パパ、ウンチしたい」

「いいよ、じゃ一緒に行こうか」

園舎の中は、休み時間を利用してトイレに向かう保護者であふれかえっていた。保護者たちは職員用のトイレを使うように言われているのだが、いかんせん便器の数が足りないようで、とりわけ女性職員用のトイレ前にはママさんたちがずらりと列を作っている。

そんな様子を尻目に園児用トイレへ。園児用トイレは男女共有で、すべてがスモールサイズに作られていた。小便器は極端に低く設置され、個室トイレもドアが1メートル30センチほどしかない。事故防止の観点から、保育士の先生が中を覗けるように設計されているのだろう。

いざトイレ内に足を踏み入れると、すぐに4つある個室のひとつが使用中だと気づいた。と同時に、ジョボジョボジョボと激しいションベン音が耳に届く。

ふとその個室に目をやった瞬間、なんとも妙な光景が。低くすぎるドアの向こうで、明らかな成人女性が慌てて首を引っ込めて顔を隠したのだ。

職員用トイレが一杯だったため、どうやら我慢しきれなくなった保護者がこっちへ用を足しにきたらしい。そんなところに出くわすなんて何とも気まずい状況だが、この場合は気まずいどころのレベルではなかった。

なぜならサッと顔を伏せたあの女性は間違いなく、西村さんだったからだ。たぶん彼女も俺が誰だかわかったに違いない。

なかなか止まらないジョボジョボ音が周囲の静寂を一層きわ立てる。耐えきれず、あえて俺は声を張り上げた。

「ほらタクヤ、はやくウンチしなさい。パパ待ってるから」

ジョボジョボ音はまだ止まない。

彼女もこっちを意識してんじゃん！

以降も、西村さんはそれまでと変わらぬペースで我が家を訪れた。自家製のパンを焼いてきたと子供たちに振舞い、げらげらと笑って嫁と盛り上がる。態度はごくフツーだ。

むろん俺も努めて平静を装っていたが、内心はドキドキだった。

なんせお気に入りママさんの排尿シーンを目撃し（首から上だけだが）、激しいションベンの音まで間近で聞いてしまったのだ。彼女の顔を見ただけでフラッシュバックが起きてしまい、そんな日はいつも以上に長くトイレにこもり、たっぷりと夢想した。もうオナニーのはかどること、はかどること。気持ち良すぎて頭がおかしくなりそうだ。

つい先日の土曜にも西村さんはやってきた。その日、俺は嫁と話し込む彼女から少し離れた場所で子供たちの相手をしていたのだが、しばらくして嫁がちょっとコンビニへ行くと言って出ていくことに。はからずも彼女と2人になってしまった。

途端に湧きおこる居心地の悪さ。黙ってテーブルに座る西村さんをチラッと見てみると、慌てて彼女が視線をそらした。くう、向こうも意識してんじゃん！

西村さんが妙にソワソワしているのは、例の一件を恥ずかしく思っているからに違いない。ならばここは俺が口火を切って笑い話にでもしてしまえば距離がグッと縮まるかも。が、あいにく俺はそんなトーク力を持ち合わせていない。んーどうしましょう。悩んでいるうち、コンビニから嫁が戻ってきた。

「ただいまー。ごめんね、お待たせして」

「全然。思った以上に早かったよ。あははは」

西村さんは瞬く間にいつもの調子に戻っていた。

★

その晩のオナニーは格別の味わいだった。西村さんが俺に見せた、あのギクシャクとした態度が、トイレシーンのエロ度を爆上げしたからだ。

「裏モノJAPAN」読者投稿傑作選　本当にエロい実話Exciting

ナンパで検証してみます。女は自分の生い立ちを聞かせた男に身も心も開いてしまう説

新庄祐介／埼玉県 39才 会社員

「裏モノJAPAN」2019年4月号掲載

女という生き物は、自分のことを理解してくれる男にめっぽう弱いのだそうだ。ならば、その子の生い立ちを、ただひたすら聞いてあげさえすれば、それがたとえ出会ったばかりの男だったとしても、心を開き、好意を向けてくれるんじゃないか。

こいつをナンパに応用するとしたら、どうすればいいか。

まずは道行く女性たちに「色々な人たちの生い立ちを聞いている」という取材のテイで声をかけていく。応じてくれたら謝礼も支払い、小一時間ほどかけてじっくりと本人

の半生を聞いていく。作戦はただそれだけだ。

大げさに同意だけしてひたすら聞くのみ

さっそく、街に繰り出し、「生い立ちナンパ」の実験開始だ。

通常のナンパのセオリー通り、ゆっくり歩く暇そうな女の子だけを狙って声を掛けていく。

「すみません、いまお時間ありますか？　一般の皆さんから、その人の生い立ちを聞いてまわってまして。1時間ほどで終わりますのでご協力いただけないでしょうか？　謝礼も3千円お支払いします」

こんな調子で声掛けを始めて1時間、5人目の女性が、ようやくニセの取材に応じてくれた。

27才の派遣社員で、名前はヒロミさん。顔は木村佳乃の頬骨がさらに出っ張ったような、ちょっぴり地味だがエロそうな雰囲気だ。ぜひともヤリたい。

近くの喫茶店に入り、コーヒーと紅茶を飲みながら、話を聞いていく。

「えーと、どこから話せばいいですかね？」

「小さいときの記憶はいつぐらいからあります？」

「え〜どうだろう。3才ぐらいのときに、両親と海水浴場に行った記憶ならあります」

「両親には可愛がってもらいました？」

「あ〜、父親がわりと口が悪いっていうか、怒ると怒鳴り散らす人なので…」

両親から愛情は注いでもらったと思っているが、父親の言葉の暴力がちょっとしたトラウマになっているようだ。

小学中学生時代は特に目立つキャラでも虐められるようなタイプでもない、周りを伺いながら合わせていくような、どちらかと言えば受け身の性格で、それが今も続いていると自己分析していた。

対するオレは、彼女の体験や考え方、価値観を聞くたびに「なるほど。わかるわかる」と大げさに同意だけして、ひたすら話を聞いていくのみ。こちらの意見は一切言わない。

しばらく話を聞いていくうち、初恋や付き合った彼氏たちとの思い出も聞き出し、彼女の恋愛観もわかってきた。

基本的に相手からの強いプッシュに弱く、付き合ってみてようやくダメ男だとわかって別れを切り出すというパターンを何度か繰り返していた。まあ、こんな感じの女性はわりと多いと思う。

昔から知ってたみたいな

1時間半ほどかけて彼女の半生をざっくりと聞き終えた。さてここからが勝負だ。恐らくだが、彼女は自分の辿ってきた人生を知る男（オレ）に対し、親近感を抱いているはず。食事にでも誘えばいい感じに展開できるんじゃないか。

「長い時間ありがとう。すごく助かりました」

「そうですか？　なんかつまらない話ばっかりで申し訳ないです」

「あ、もう6時か。ねえ、お腹空いたでしょ？」

「え…と、まあ、はい」

「もしこの後予定なかったら軽くゴハンでもどう？　ご馳走するし。これは取材とは別ってことで」

「あ…はい」

よっしゃ。あっさり食事デートに漕ぎ着けた！

近くの居酒屋に入ってビールとサワーカクテルで乾杯。すでに彼女についてのデータはたっぷりあるので、会話はいくらでも発展させられる。

あらためて過去の恋愛についての話題になったところで、彼女の価値観に沿って、こちらの考えもさりげなく出していく。

「なんかさ、ヒロミさんと話してると、初対面な感じがしないんだよね。フシギだな～」

「ですよね～。私も思いました。さっき会ったばっかりなのに、昔から知ってたみたいな」

彼女からこのセリフが出たことで、思わず心の中でガッツポーズをキメた。

結果的にセックスまで漕ぎつけたのは、さらに三度ばかり食事デートをしてからだが、感覚的にはトントン拍子で進んだ気がする。

生い立ちナンパ、悪くないのでは？

本当にエロい実話Exciting

「裏モノJAPAN」読者投稿傑作選

これなら捕まらないんじゃ？ 警備員の無線を傍受しながらプール痴漢をしていた男の末路

鈴木昭一／41才 会社員

「裏モノJAPAN」2019年12月号掲載

今年の夏。盗撮マニアの俺は、毎週のように大型プールで水着女の写真を撮りまくっていた。

そこは、いくつものウォータースライダーがある、半ば遊園地のような施設。そのため近所の区民プールでは滅多にお目にかかれない、女子大生グループやエロいビキニのギャルたちが一斉に集まってくる天国のような場所だ。

しかし、去る7月に事件は起こった。いつものように巨乳の姉ちゃんを探しながら、園内をブラついていたら警備員の姿を発見。俺は普段から警戒を怠らないので、自然と彼らの姿が目に入るのだ。どうやら園内をパトロール中のようで、無線で会話をしている。

耳をそばだてたところ、こんな声が聞こえてきた。

「えー、西A区域に怪しい男を発見。青の海パンに首からスマホをかけている注意されたし」

その警備員の視線を追うと、たしかにプールサイドを歩く青い海パンの男がいた。どうやら前を歩く女をスマホで盗撮してるっぽい。

内心ドキドキしながら警備員を見ていたら、その数分後に海パン男の方に寄って行って事情聴取を始めた。結局、その男は事務所に連れて行かれることになってしまったのだ。マジかよ。初めて同業者が捕まるところを見ちゃったよ。

ショックと同時にある考えが浮かんできた。もし、あの無線を傍受することができたら、捕まらずに逃げることができていたんじゃないか？

警備員はアナログ電波で通話を

家に帰りネットでプールの警備員が使う無線について調べてみた。

今どきの無線は暗号化されているものかと思っていたが、そんなのは警察と自衛隊だけの話のようで、警備員は昔ながらのアナログ電波で通話をしているらしい。

つまり、素人の俺でもトランシーバーさえ手に入れてチャンネルを合わせれば傍受できるってわけだ。

チャンネルというのは無線機ごとに設定する回線のことで、一般的に20ほどの種類がある。つまり、20の内ひとつに合わせられれば傍受できるということ。いちいち20チャンネルの中から探すのは面倒くさそうに聞こえるが、トランシーバーの中には会話中のチャンネルに自動でつなげてくれる機能もあるそうなので特に問題はなさそうだ。

早速、アマゾンで防水機能がついたトランシーバーと、これまた防水のイヤホンをポチる。総額2万円ほどの出費だが、背に腹はかえられない。捕まったら何もかもパアだ。

後日届いたトランシーバーを海パンのポケットに入れてプールに舞い戻った。よし、これなら安心して盗撮できるぞ。

幸い園内にはイヤホンをしている客も珍しくなかった。家族連れであぶれた父親がベンチに座って暇つぶしに動画を見てたりするのだ。好都合である。

俺もそれに倣って、椅子に腰掛けて警備員の目を盗みながらチャンネルを設定する。

最初は操作に手間取ったが、何度かチャンネルを切り替えるうちにようやく、このプールの監視員たちのチャンネルにつながった。かなりクリアで鮮明な音が聞こえる。

これって完全に俺のことじゃん

通話の内容はこんな風だ。

「東Aのスライダーで迷子発生、5才の男の子。名前は…」

プールで行われる無線通話のほとんどが迷子の発生についてだった。

他にもこんな通話があった。

「波のプールで上がってこない男がいる。至急、中に入って確認してください」

「了解」

これは溺れたかもしれない客ってことだろうか。

さっそくトランシーバーを耳につけたまま、園内を練り歩いて写真を撮影する。うひょー。若いピチピチの肌だよ。いつもならビクビクしながらだけど、今日は見つかる心配もないから大胆に撮影できる。やっぱり警備員の動きを把握してると楽勝だわ。

その後はプールの中に入って、若い女たちに身体を密着させながら撮影を続けた。と、そのときイヤホンから無線機の通信が。

「東C地区の流れるプールで痴漢発生。黒のラッシュガードにメガネの男との情報あり」

ヤバい！　これって完全に俺のことじゃん。

スグにメガネをポケットに入れて、ラッシュガードを脱ぎながらプールを出た。

しかし数秒後、警備員たちが駆け寄ってきて、あっさり御用に。

いくら無線を傍受していても、マークされたらおしまいってことだ。バカな真似はよしましょう。

本当にエロい実話Exciting
「裏モノJAPAN」読者投稿傑作選

「この子だよ、この子」スーパー銭湯の男湯で寝取られとはいったいどういうことだ？

甲田仁志／東京都 34才 自由業

「裏モノJAPAN」2020年8月号掲載

俺が寝取られ系の掲示板を利用しているのは、刺激的なセックスを楽しみたいからに他ならない。自分の女を他人に抱かせたがる変人が多くいるおかげで、俺のような彼女のいない男でも、シロート女とエロい遊びができるのだ。もう感謝しかない。

〈刺激的な体験をお約束します〉

昨年の秋ごろの話だ。いつものように複数の寝取られ掲示板をチェックしていると、気になる募集が目に入った。

〈セフレ（28才）とセックスしてくれる方を募集します。美人ではありませんが、かなり刺激的な体験になることはお約束します。詳細はメールにて〉

刺激的な体験を約束する。どういうことだろう。もしや女が有名人だったりとか？

すぐさま応募のメールを送る。返事が来たのは翌日だ。

〈応募ありがとうございます。今週末、セフレと都内のスーパー銭湯に行く予定で、そこで彼女の相手をしてもらいたいと思ってます。ただ時間がちょっと遅くて…。深夜2時ごろでも大丈夫ですか？〉

その銭湯は24時間営業のため、深夜の合流も可能なんだそうな。しかし、俺が気になったのはそこではない。

なぜわざわざ銭湯で寝取られプレイを？　もしかして食堂みたいなとこで、軽い痴漢プレイをして終わりとかじゃないだろうな。ゴメンだぜ、そんなショーモナイ内容は。

てなことを丁寧な文面で問い合わせると、すぐに返信が。

〈大丈夫です。セフレとはがっつりハメてもらいますのでご心配なく〉

ふむ。だったら文句はない。

飛び込んできたのは紛れもなくマンコ

当日、深夜0時過ぎ、先方からLINEで連絡が入った。それによると、予定どおり、深夜2時にプレイを決行するものの、参加者は俺のみだという。ま、さすがにその時間帯だと来れるヤツは限られるもんな。

1時半ごろ、指定の銭湯へ。周辺にキャバクラみたいな飲み屋がたくさんあるため、水商売の客でそこそこ賑わっているのかとも思ったのだが、店内はガラガラで、人気がほとんどない。

そのまま飲食スペースでボーッと時間を潰していると、またLINEが届いた。

〈もう着いてます?〉

〈ええ、館内にいますよ〉

〈でしたらそのまま男湯まで入って来てください。岩盤浴スペースで待ってます〉

浮かんだ疑念は2つだ。なぜ男湯に? 女が入れないじゃん、というのがひとつ。

そしてもうひとつの疑念は、ゲイの策略の可能性だ。ノンケ男に飢えたゲイが、寝取られをエサに俺をおびき寄せようとしているのでは?

2分ほど悩んだ挙げ句、岩盤浴スペースに向かうことにした。この後、女とセックスできる可能性がゼロになったわけではないし、プレイの前に俺と彼氏の2人でコミュニケーションを取ろうとしただけって展開も無くはない。もし本当にゲイが待ち構えていても逃げ出せばいいだけだ。

恐る恐る入った岩盤浴スペースには男が2人待っていた。

ひとりは50近い腹の出たオッサンで、もうひとりは小柄だが、筋肉質の若いイケメン。あごヒゲを生やしているあたり、ヤンチャそうな雰囲気がある。

オッサンが口を開けた。

「メールくれた人だよね?」

「あ、はい。あの、セフレさんは…?」

隣のイケメンの肩をオッサンがポンポンと叩く。

「この子だよ、この子」

ゲ! やっぱゲイじゃん!

最悪の展開に頭が真っ白になりかけたとき、オッサンが笑顔で続けた。

「この子ね、こんな見た目だけど女なんだよ。ほら」

陰部に乗せたタオルをちらっとめくる。大股開きで座っていたイケメンの股間が露わになり、俺はひどく違和感を覚えた。なぜなら目に飛び込んできたのが紛れもなくマンコだったからだ。

「FtMって知ってる？　体は女だけど心は男ってやつで、この子の場合はさらにゲイの心を持ってるの」

ヒゲが生えていたり、体毛が濃いのは男性ホルモンを打っているせいで、もともとは普通の女体だったという。おっぱいは切除手術したそうな。

オッサンがチンコを甘モミしながら言った。

「こいつが他人にやられるのを見ると無性に興奮するの。しかも銭湯っていうのがスリルがあってね。人が来ないか見張ってるから遠慮なくやっちゃってよ」

いや、遠慮なくと言われてもですね…。

★

躊躇したが、結局、FtMと一戦を交えた。

股間以外は男。そんな相手とのセックスは確かに刺激的だし、得がたい経験でもある。

ただ、それで興奮できるかというと完全に別の話だ。はあ。

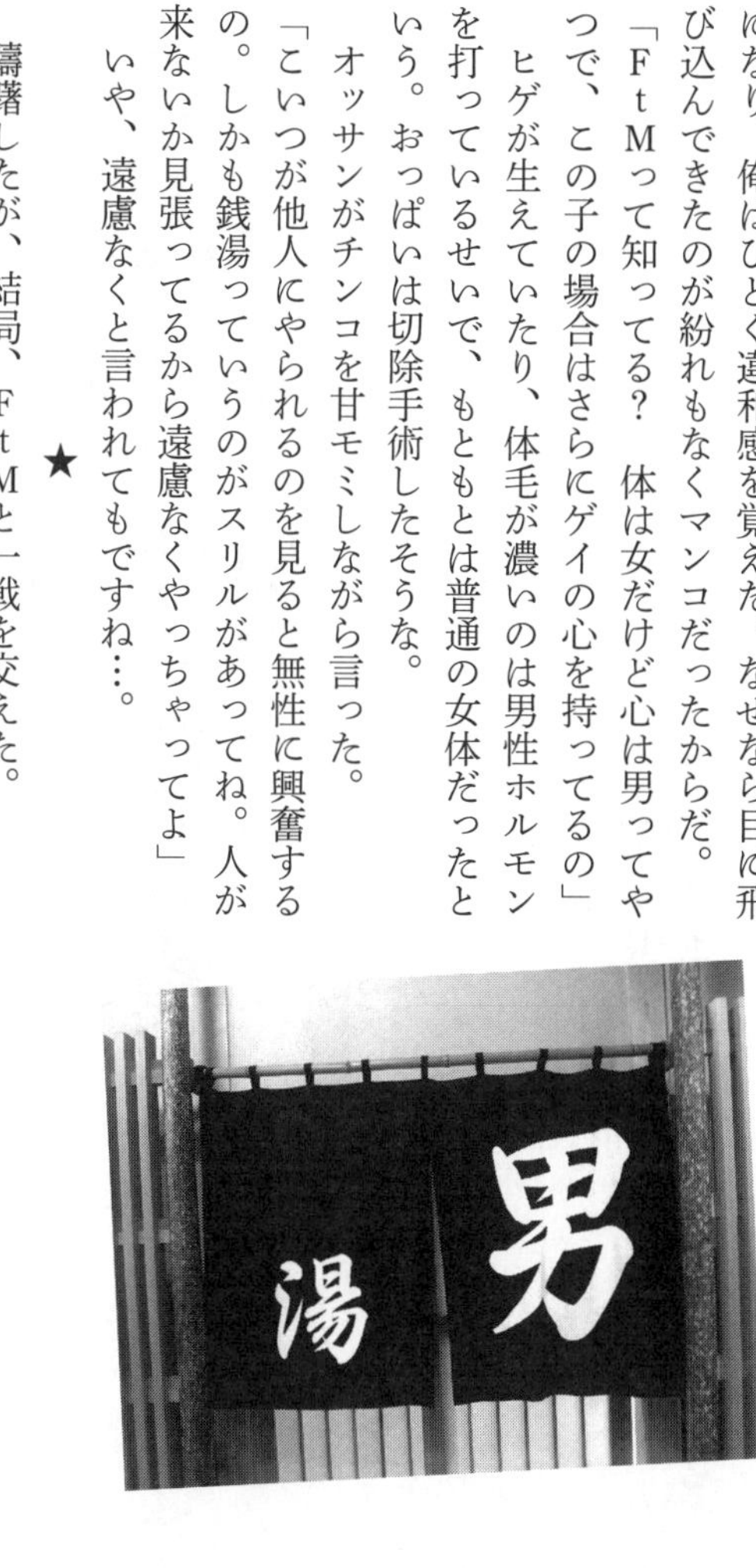

「裏モノJAPAN」読者投稿傑作選

ソープ嬢の写メ日記にメイド喫茶の嬢と同じ写真が。それってつまり抱けるってことか！

山田初夫／神奈川 38才 会社員

「裏モノJAPAN」2018年12月号掲載

メイドカフェ巡りにハマって1年になります。いっときのブームは去りましたが、秋葉原にはいまも多くのメイドカフェが残っていて、僕のお気に入りのお店もいくつかあります。

基本的にメイドカフェは、紅茶と甘味を頂きながらメイドさんたちとの会話を楽しむ場所です。彼女たちはお店のホームページの中で「今日はこんなスイーツをもらった」とか、「髪型を変えました」などと日々の些細なネタを綴った「写メ日記」を書いてることが多いのですが、僕のような常連客はその写メ日記を見て、お店での嬢とのトークに活かしています。

その写メ日記を使った、ちょっとしたお遊びを発見したので、ご紹介したいと思います。

まったく同じネイルの写真が

3カ月ほど前の給料日の直後、久々に風俗にでも行こうと思い立ち、地元の有名ソープのホームページを開いたときのことです。

いつもの写メ日記の巡回癖で、ランカーソープ嬢の日記を覗いていたら、Sちゃんという女の子が載せていた写メ日記に、見覚えのあるネイル写真を見つけました。

すぐに思い出しました。僕が通うメイドカフェのオキニ嬢の1人、Aちゃんの写メ日記に、まったく同じネイルの写真が載っていたのです。

Sちゃんの写メ日記を遡って見てみると、彼女の顔写真を発見しました。目と鼻はハートのスタンプで消してあって、カフェにいるときの彼女と髪型は違いますが、その特徴的な大きめの前歯は間違いなくAちゃんです。まさかオキニのAちゃんが地元のソープにいただなんて…。

Aちゃんはアニメ声優のようなぶりっ子声が特徴の自称21才の女の子で、「アイドルのような仕事に憧れてメイドカフェ店員になった」というメイドさんです。見た目はそこまで美人というわけではないですが、AKBにいてもおかしくないぐらいのレベル。強いてメンバーに例えるなら西川怜似でしょうか。

カフェの中では誰に対しても愛想がよくて、得意のアニメ声で楽しそうに給仕していきます。過去に何度か、学校での友人関係の悩みや将来についての不安を打ち明けてくれ、僕には心を開いてくれてるような気がして、どんどん好きになっていった子です。

そのAちゃんがソープで客とヤリまくってるのだと思うと、なんとも複雑な気持ちですが、2~3万の金で彼女とプレイできるなんて夢のような話です。さっそく、彼女の出勤予定日に予約を入れ、ソープ店にむかいました。

「カフェのお客さんには言わないで…」

自分の名前を呼ばれ、ドキドキしながら待合室を出ると、笑顔のAちゃんが立っていました。

「はじめまして~。今日はよろしくお願いします」

一瞬、Aちゃんは驚いた表情になりましたが、すぐにいつものアニメ声でそつなく挨拶をして、手を繋いで個室へ連れていってくれました。

「もう～、すごい驚きましたよ～。いきなりなんですもん」

「ごめんね」

「どうしてココで働いてるってわかったんですか？」

「写メ日記にカフェと同じ写真使ってたでしょ？　偶然みつけたんだよ」

「あ…ええ～？　同じ写真？」

「ネイルを写したヤツ」

「…ああ～あれかあ…」

よほどソープ勤めがバレたことがショックだったのか、Aちゃんはかなり落ち込んでいます。

「カフェのお客さんには言わないでくれますか…？」

「もちろん」

「ありがとうございます」

上目遣いで懇願してくるAちゃんを見ていると、なんとも言えない興奮がみなぎってきます。

照れ笑いする彼女からキスをされ、一緒にシャワーを浴びてプレイ開始。ねっとりとしたキスやフェラ、クンニで濡れ濡れになった匂いのしないマンコ。最高すぎて、挿入からわずか5分で発射してしまいました。

★

その後もヒマさえあれば色々な風俗店の写メ日記を覗いて、グーグルの画像検索にかけるという作業を繰り返したところ、奇跡的に都内のヘルスで働くメイドカフェの女の子が、新しく買ったマニキュアの写メを両方の写メ日記に載せていたのを発見。

僕の知らない子でしたが、そのカフェに何度か行って会話をしてから、ヘルスにプレイしに行き、これまた大興奮のプレイを堪能することができました。

画像検索にかける写メ日記は、本人が写ってないネイルやスイーツ、小物などがいいと思います。おヒマな方はトライしてみてください。

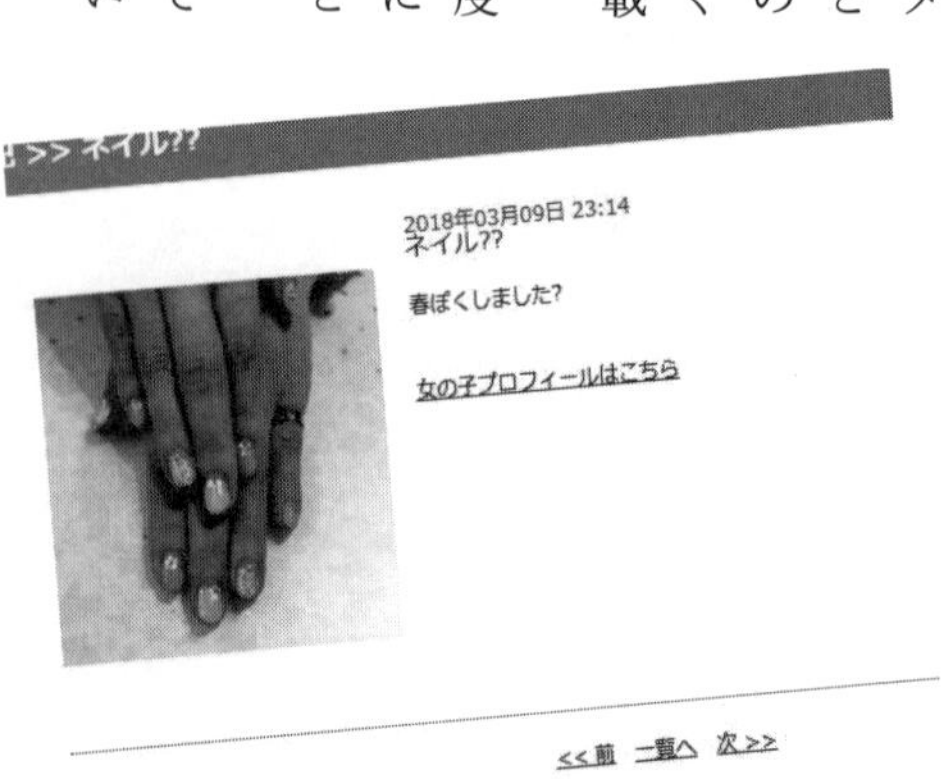

>> ネイル??

2018年03月09日 23:14
ネイル??

春ぽくしました?

女の子プロフィールはこちら

<< 前 一覧へ 次 >>

写真はイメージです

本当にエロい実話Exciting

「裏モノJAPAN」読者投稿傑作選

自殺志願者と援助交際して15万円ももらいました。その後のことは知りません

大林明美／東京 29才 アルバイト

「裏モノJAPAN」2018年12月号掲載

自殺するやつに貯金は不要だから…

いまから2年前、私は都内の援デリ業者で働いていた。裏モノ読者ならご存知、エンコー希望のシロート女性を装って、男性とエッチする違法フーゾク店のことだ。

仕事はヒマだった。そのころすでに援デリ業者の存在は広く知られていたため、出会い系でエンコーの募集を出しても、引っかかる男の人がなかなか現れないのだ。

そんなある日、援デリグループのリーダー格Sさん（男）が、待機所の喫茶店で妙なことを言い出した。

「本当ヒマだよなあ。こうなったら自殺志願者でも狙ってみるか」

Sさんの後輩（女のフリをして男性とメールする係）が即座に反応する。

「え、どういうことっすか」

「なんかさ、これから自殺しようとするやつに援交を持ちかけたら意外と食いついてきそうじゃね？　この世の最後のセックスってことでさ」

さらにSさんは言う。これから死んでいくヤツに貯金は不要、てことはこちらの言い値でたんまり払ってくれるんじゃないかと。

後輩くんは「そんなヤツいるワケないっすよ！」とハナから相手にしなかったけど、そばで話を聞いていた私は違った。それって、必ずしも可能性ゼロとは言えないんじゃない？

というわけで、すぐ行動を起こすことに。ただし、Sさんたちには内緒だ。彼らも絡むと、上手くいった場合、お金を山分けしなきゃいけなくなっちゃうし。

ツイッターで「死にたい」「自殺」などの#タグ検索をすると、自殺志願者が山のように見つかった。その中から関東近辺に住んでそうな男性5、6人に（書き込み内容から判断)、こんなメッセージを送ってみる。

「あの世に旅立たれる前に最後のセックスをしたいと思いませんか？　もしご希望なら、有料ですが、私がお力になれると思います」

失礼極まりない文面だが、こちらの意図を説明するにはこう言う他ない。そもそも自殺志願者にエンコーを誘ってる時点で常識はずれなのだ。

3日経ち、1週間が経っても、反応は一切なかった。

エッチ一発、20万。超イイじゃん！

それから3カ月、ツイッターの件など完全に忘れ去っていたある日、1通のメッセージが届いた。

「前に援交の誘いを受けた者です。やっと死ぬ覚悟ができたのでお会いできませんか」

え、マジ？　この人、私とエンコーしたいってこと？

すぐに返信した。

「ご連絡ありがとうございます。エンコーで会うのは全然かまいませんが、条件はどれくらいをお考えですか？」

私から誘ったとはいえ、これから自殺しようという相手とセックスするのだ。精神的な負担は相当だし、それなりの報酬はほしい。そんなようなことを伝えたところ、こんな返事が。

「とりあえず口座に20万あるので、それをお渡しするってことでどうでしょう?」

エッチ一発、20万ってこと? 超イイじゃん!

数日後、男の住む千葉の某駅へ。40代半ばの中年男性に声をかけられたのは、指定された駅前の喫茶店に入ってすぐのことだ。

「明美さんですか? どうも遠いところまでありがとうございます」

この人が自殺志願者か。なんかすごく暗い雰囲気だな、当たり前だけど。

コーヒーを飲みつつ、軽く世間話を交わしたものの、男は自殺に関する話題には何も触れてこなかった。

したがって、なぜ死にたいのか、どこでどのように死ぬつもりなのか、その辺のことはまるで不明のままだったが、私としてはむしろその方がありがたかったりもする。

喫茶店を出てラブホへ向かう途中、銀行のATMに立ち寄った男が、封筒を差し出してきた。

「あの、これ、約束のお金」

中身をあらためると万札が15枚入っている。あれ、たしか20万もらえるって話だったのに…。

何も言わず歩き出す男に、５万の減額理由を尋ねようとしたものの、思いとどまった。全身からこれでもかと悲壮感を漂わせる姿を見ていると、とてもカネの話なんかできっこない。

★

ホテルに入ってからは特にこれといったこともなく、男は淡々とエッチをこなして帰っていった。去り際、ペコリと頭を下げた彼の無表情な顔は、今もはっきりと記憶に残っている。

あのあと、彼はどういう道をたどったのだろう。私としてはもちろん、自殺を思いとどまったと信じたいところだけど…。

関わってきてごめんなさい存在してごめんなさい死ななきゃとかおもう整形の金ないしきもいから
#自殺
#死にたい
4　1　11

@ · 23時間
自殺したい
#自殺
#死にたい
2

@ · 10月5日
死にたいよ。。。。

#自殺
#死にたい
#助けて
4　13

@ · 11時間
もういいややりたい事もできないし本音言ったって怒られるだけだし…恋愛の話ししたって相手が嫌だっていうだけだし…友達でっていわれるだけ。だからずっと片思いのまんまだし…
もうホント…
#死にたい

妻に中出ししていただくと精液が天然の潤滑油となって私も交接に及べるのです

木村孝蔵（仮名）／東京都 80才 無職

「裏モノJAPAN」2019年1月号掲載

１９７０年代初め、私がまだ30代だったころ、スワッピングが大流行しました。私もホームトークやスウィンガーといった専門雑誌を買い漁り、どうにかこうにか10才年下の妻を説得して、スワッピングの世界に引きずり込みました。

当時は、ひとたび雑誌に募集の文言が掲載されると、20組ほどのカップルからお便りが届くほど活況で、手紙のやり取りで選別した複数のカップルさんたちと、交接を繰り返してきました。

ゼリーで台無しにしたくない

いくら性欲があると言っても、さすがに体力の衰えには抗えません。70才を超えたあたりから愚息は立たなくなってきました。

しかしながら、我が老妻はペニスを求めてくる。以前のように思い切り突かれて、中に出して欲しいと願っているのです。

私だってできることなら入れてやりたいけれど、加齢と共に潤いを失った妻の肉壷に、チカラを失った我が肉棒をねじ込むのは至難のわざ。手を添えて押し込もうとしても上手く入らないのです。

潤滑ゼリーを使えばいいじゃないかと皆さんはおっしゃるが、交接の途中でそんな無粋なマネをするのは気が引ける。せっかく高めた興奮を、ゼリーを塗ることで台無しにしたくないのです。

その問題を解決してくれたのが、スワッピング仲間のAさんでした。

40代のAさんと奥さんは、年上の我々が相手でも問題ないと言ってくれた変態カップルさんで、年に1~2回の割合で都内のホテルを一晩借り、私ども夫婦と4人でたっぷり時間をかけて遊んでおりました。

その後、Aさんは奥さんと離れてしまいましたが、我が老妻がAさんのことを気に入っていたこともあり、その後も私ども夫婦とAさんの3人だけで、ほそぼそと関係は続いていたのです。

Aさんの精液が天然の潤滑油に

さて潤いを失った我が妻と、立たなくなった私が、いかにしてAさんの助けを借りるのか。

年に1〜2回、Aさんからの打診で開かれるその会合は、私どもの自宅が舞台となります。

Aさんをベッドルームに招き、じっくりと時間をかけたプレイが始まります。

まずはAさんと妻の絡みから。すでに妊娠の心配がない妻は、精液の中出し大歓迎で、ゴム無しでたっぷり放出してもらいたいと思っています。

その老妻を、元気なAさんに思う存分抱いてもらい、最後はしっかりと中に射精してもらいます。

ゼリーなどではなく、天然の潤滑剤となったAさんの精液によって、ドロドロヌルヌルに緩んだ妻の肉壷に、今度は私が力の失せた肉棒を押し込んでいけば、これが不思議なことにヌルりとはまっていく。こうして、どうにかこうにか妻との快感を味わえるのです。

もちろん、ぐにゃりと芯のない我が肉棒では、妻に十分な快感を与えてやることはできませんし、私自身も最後まで射精できずに終えることもあります。それでも愛する妻の中に自分の分身を入れることができるという喜びは、他に代えがたいものがある。

同じく妻も、力を失った愚息であっても、こうして身体を重ね合わせた後には、満足気な表情を見せてくれるのです。

他人の精液を潤滑油にして、ますます強まっていく老夫婦の絆。妻と抱き合うことの大切さを実感しております。

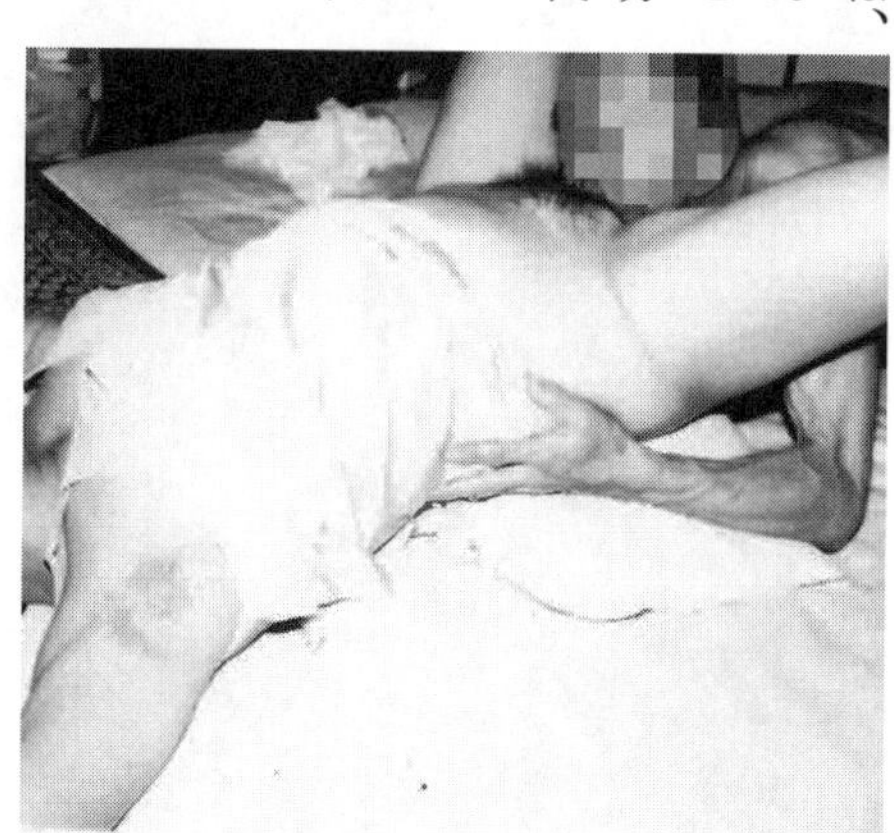

恥ずかしながら、スワップ時代の写真をお見せします

「裏モノJAPAN」読者投稿傑作選

パパ活ウォンで生意気なメシだけ女をギャフンと言わせてやる!

向田けい太／埼玉県 40才 自営業

「裏モノJAPAN」2019年2月号掲載

先月の裏モノの特集にも書かれていたが、パパ活女の中で一番多いのが、男と食事だけして5千だ1万だと小遣いをせびってくる「メシだけパパ活女」だろう。

彼女たちは出会い系でエンコーを繰り返す連中と比べれば、見た目はかなりいい部類に入るし、まともな感覚を持った可愛い女の子のことが多い。

でも、そもそも男と食事するだけで小遣いをもらおうという考え自体が卑しいし、実際に対面しても、「可愛いワタシと一緒にご飯が食べられて幸せでしょ?」という生意気な考えがミエミエで、本当に腹が立ってくる。ヤリたいのにヤラせてくれないのも腹立つし。

そんなわけで、あのパパ活女たちをどうにかギャフンと言わせてやりたいと常々思っていたのだが、ふとナイスな考えが浮かんだ。

裏モノの連載、「ウォン様」を真似たら面白いんじゃね？

足代として1万は保証しますよ

さっそく、近くの銀行でウォン紙幣に両替し、パパ活女を探すこと30分。ピュア系の掲示板で手頃なパパ活女を発見した。

『よかったら一緒に食事しませんか？　パパ活ですので、理解ある方のみご連絡お願いします』

美容関係の仕事をしている20代前半のメグミ。なかなか生意気な書き込みだが、目線の入ったプロフ写真を見た感じはたしかに可愛いし、細身でスタイルもいい。援交ではめったに出会えなそうなタイプだ。

『こんにちは。よかったら食事に行きませんか？　足代として1万は保証しますよ』

メールを送ってからわずか5分後には『メールありがとうございます！　ぜひお食事

行きたいです(^^)』との返信が届いた。がっついてんな〜。

3日後の週末の夜、財布に1万ウォン紙幣を入れ、駅前でメグミと待ち合わせした。

「こんばんはー。遅くなってすみません」

「あ、メグミちゃん？　どうもどうも」

長めの髪をゆるく巻いた色白の女の子が現れた。写真どおりの雰囲気で結構な美人だ。寒いのにヒラヒラスカートなんか履いちゃってエロいね。

「じゃ、お店行こっか」

「よろしくお願いします」

ということで、世間話をしながら事前に予約した個室居酒屋に移動する。事前の注文通り席は横並びなので軽いセクハラプレイもいけるはずだ。

「クリトリスが気持ちいいってことね？」

あまり金を使いたくないので、飲み物と枝豆だけを頼み、店員がいなくなったところでセクハラトーク開始だ。

「あれ、いま彼氏いないんだっけ？　最近はセックスしてないのかな？」

「…はい…。そうですね」

「本当かな〜、メグミちゃん色っぽいから、セフレとかいっぱいいるんじゃない？」

「いないですねー。そういうのはあんまり…」

「そっか。メグミちゃんはさ、やっぱクリトリスが一番感じるの？」

「え……？　ハハ…」

ハハじゃないだろ。笑って誤魔化そうなんて甘いぞ。

「いやいや、自分で感じるか感じないかぐらいわかるでしょ？」

「……。まあ…はい…」

「じゃ、メグミちゃんは中よりクリトリスが気持ちいいってことね？」

「……」

メグミちゃんがそわそわしだした。たぶん帰りたがってるんだろう。でもお金を受け取る前に帰れないよね。

彼女の太ももに手を載せて、撫で撫でしながらさらに畳み掛けていく。

「オレね、手で責めるのが得意なのよ。どう？　気持ちいいでしょ？」

「すみません、やめてもらえますか？　わたし大人系はやってないので」

「あ、ごめんね。そうだったね」

メグミちゃん、かなり怒ってる。ここでウォン紙幣を出したらどうなるんだろう。

「じゃそろそろお店出ようか？　約束の1万払うね。はいコレ。今日はありがとう」

ドキドキしながら財布から取り出した1万ウォン紙幣を渡すと、メグミちゃんの動きがピタリと停まった。

「え…、コレ何ですか？」

「韓国のウォンだよ。1万ウォン。それで好きなもの買ってちょうだい」

「……。ありがとうございます」

え？　それだけ？

なんと、文句は一切ありませんでした！

そのかわり、その後は話かけても一切口を開かず、お店のエレベータを降りた瞬間、駅と逆の方向にスタスタ歩いて行ってしまった。こりゃ痛快だ！

第2章
エロい現場

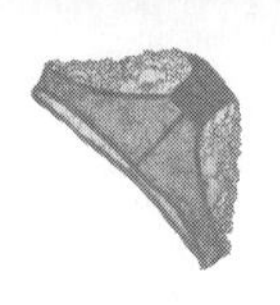

「裏モノＪＡＰＡＮ」読者投稿傑作選　本当にエロい実話Exciting

ちょっとエロいカフェバー、水着コンカフェの女の子を撮影で誘ってエンコーに

佐藤良平／大阪府　33才　会社員

「裏モノJAPAN」2020年2月号掲載

エロいコスプレをした女の子と酒を飲めるカフェバーが、オタク界隈でちょっとしたブームになっている。

これらの店は、コンセプトカフェ（通称コンカフェ）という名前で親しまれていて、おそらくは、数年前まで賑わっていた過激なガールズバーの代替として、男たちからの根強いニーズに答えているのでしょう。やっぱり、一緒に酒を飲むならエロい恰好の方が楽しいですし。

私が通う難波千日前にあるコンカフェはスク水をコンセプトにしているので、今みたいな肌寒い季節でも、スク水姿の女の子たちが出迎えてくれます。これが癒されるんですよ。

働く女の子の多くは10代後半から20代前半の若い子たちばかり。これがウブっぽくてかわいい。

このように、フツーに遊ぶだけでも水着コンカフェは楽しいのですが、私は一味ちがった遊び方をしています。

店の従業員の女の子を誘って個別撮影会をしてるんです。しかも、1人の子とはエンコーまで！　これからその手法をご説明しましょう。

水着コンカフェの店員を狙う醍醐味

まずは個別撮影に誘う手順です。

コンカフェの従業員の多くは、売れない地下アイドルだったり、リフレ嬢だったりして、他の仕事を兼業してる子が多い。そのせいか、どの子も個人のツイッターアカウントを持っています。

店で直接交渉するのは、気が引けるのでDMを送って交渉をします。

私が狙うのは撮影慣れしている子。特に店で一緒にチェキを撮ったときに身体を密着させてくれた女の子です。

文面はこんな風に。

「この前一緒にチェキを撮ってもらったじゃん？　あのときの写真写りがスゴイよかったからモデルになってくれない？」

こちらはカメラが趣味の男という設定で誘うようにしています。

支払う金額は90分で1万円程度。まあ、モデル料としては一般的な値段です。

場所はもちろんラブホテルです。貸しスタジオは高いですし、その後のエンコーまで持ち込めませんからね。

この条件で誘えば、大半の子がオッケーを出してくれます。やっぱり仕事柄、男に体を見られることに慣れているのでしょう。

いざ当日、一緒にラブホに入室し、個別撮影会を始めます。

そのときの衣装は当然水着です。そもそも店内では水着のチェキを撮っているので、これを断られることはありません。これこそ水着コンカフェの店員を狙う醍醐味ですね。

撮影が始まったら、胸元をアップで接写したり、M字開脚で股間を撮ったり、まあ、自由に撮影してくださいい。興奮しっぱなしですよ！

エンコーした女に給仕される快感

ここから、なんとかエンコーに持ちこみたいのですが、強引にやっては店に行けなくなるので慎重に交渉します。

「千円あげるから肩紐はずしてくれない？」とか、「やばい、めっちゃカワイイじゃん」、などと女の子をおだてながら露出を増やしていきます。

ダメな子だとこの時点で嫌な顔をするのですが、了承してくれた子にはこう切り出します。

「追加で3万払うからエッチさせてくれない？」

シンプルにこれしかありません。結局は金の力を使いましょう。

いままで本番できたのは1人だけですが、手コキを了承してくれる子は数人いました。通っている店の子とエロいことができるってだけでフル勃起間違いなしです。まあ、出費はイタイですけどね。

お楽しみはこの後もあります。後日、その子が働く店を訪れて接客してもらうのが、私の最高の楽しみなんです。

エンコーした女に給仕される快感たるや、もうフル勃起ですよ。

他の男がチェキを撮って満足してたりすると、優越感に浸ることができます。その子とのセックスを思い出しながら飲む酒が一番うまいですね。

コンカフェで働く女は総じて交渉しやすい相手なので、皆さんもぜひ行ってみてくださいな。結構楽しいもんですよ。

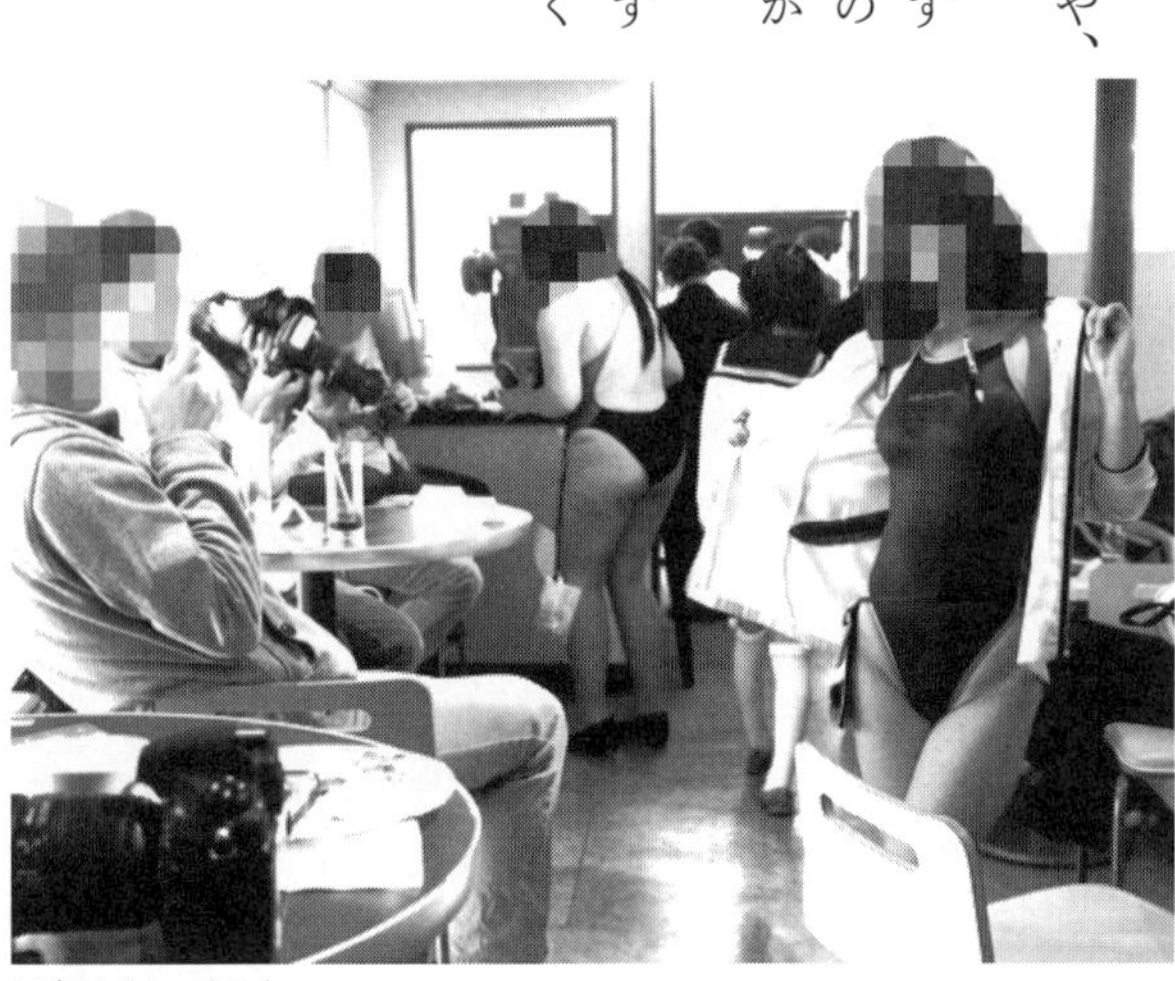
写真はイメージです

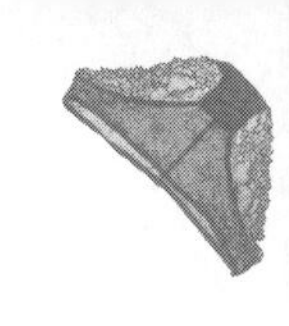

本当にエロい実話Exciting

「裏モノJAPAN」読者投稿傑作選

田村ケイタ／東京都 34才

新宿アパホテルを拠点に若すぎる子たちをナマ中援交させてる援デリグループがいるみたいです

僕はムラムラしてくると、ツイッターを使って援交女子と遊ぶのが好きです。新宿にある身分証無しで入れるネカフェ、カスタマカフェが何かと使いやすいのでよく行ってるんですが、最近、ちょっと興味深い話を聞いたので、報告したいと思います。

プロフがアニメ絵で生中対応

「裏モノJAPAN」2020年12月号掲載

先日、いつものように歌舞伎町のカスタマで援交女子を探していたら、あるツイートが目に留まりました。

『今から新宿で会える方いますか？　本番募集です。ゴムから生中まで　18才です』

プロフィール写真にはアニメ風の女の子の絵が載せてあり、なんとなく当たりな気がしたので、連絡することにしました。

ＤＭでやり取りしたら、ゴム2万、生中5との返事。強気な設定なので上玉の可能性が出てきましたが、料金が高すぎます。そこで、プチを提案したところ、フェラのみ5千円でＯＫが出たので会うことにしました。

服装を伝えあい、いざ待ち合わせのコンビニ前へ。しばらくして1人の女の子が現れました。

「こんにちは」

「……」

顔を見た瞬間にヤバいと思いました。見た目はそこそこ可愛いんですが、あまりに若すぎます。というか絶対にＪＫです。下手すりゃＪＣかもしれません。

「えっと…、いまいくつ？」

「え、19ですよ」

「そっか。身分証見せてもらってもいい？　生年月日だけでいいし」

「えー、持ってないです」

「……」

こんなコワイ橋は絶対に渡りたくありません。もちろんお断りしました。

それから数日後、再び新宿で援交相手を探していたら、またもや別のアニメ絵プロフの女の子が援交の書き込みをしてました。

『今から新宿の漫喫でお会いできる方いませんか？　生中までＯＫ。詳細はフォロバもらえたらＤＭで！』

ほかにも探してみたら、プロフがアニメ絵で生中対応の子が何人か確認できました。ひょっとして、こいつら、未成年専門の援デリなんじゃないか？　むくむくと好奇心が湧き上がってきて、結局、その子と、フェラ５千円の約束で会うことにしました。

アパホテルの一室を根城に

待ち合わせ場所は、カスタマカフェ内の個室。女の子から部屋番号を聞いて、直接個室を訪問です。コンコン。

ガチャリとドアが開いて若い女の子が現れました。

「あ、どうぞー」

「おじゃまします…」

ひとまず、言われるまま靴を脱いで、シートに並んで腰掛けます。

「最初に確認したいんだけど、歳はいくつかな？」

「あ、21なんで大丈夫ですよ」

「え、ホントに？　身分証見せてもらえる？　生年月日だけでも」

「あ、はい。いいですよ」

免許証の生年月日を見せてもらったら、本当に21才でした。

成人していたのと、めちゃくちゃタイプだったこともあり、結局2万払ってゴム本番することに。

「前にさ、キミと似たようなアカウントの子に会ったらめっちゃ若い子がきちゃってさ」

「あ、この辺で会ったんですか？」

「そう。だから未成年専門の援デリかって思ったんだよね」

「あ〜、だから最初に年齢確認したんですね」

「お姉さん、業者なんでしょ？」

「…まあ、ぶっちゃけそんな感じ〜ですかねえ」

一発ハメた後だからか、彼女は色々とぶっちゃけて教えてくれました。

なんでも、彼女たちを管理してる連中は、アパホテルの一室を根城に活動している男たちで、そいつらが管理してる女の子たちの中には、何人か未成年の女の子もいるんだそうです。やっぱりな〜。

「わたしもメールするの面倒だし安心かなと思ってお願いしてたけど、お金半分も取られるから、もうやめようかと思って」

というわけで、新宿で援交しようと思ってる皆さん。くれぐれもアニメ絵プロフの援交嬢には気をつけてくださいね。

写真はイメージです

「裏モノJAPAN」読者投稿傑作選

エンコー女の溜まり場歌舞伎町グランカスタマに三連泊して実態調査してきました

柴田かつじ／静岡 43才 自営業

先月、東京に出張することになった。

宿は、新宿歌舞伎町にオープンしたばかりの巨大ネットカフェ、「グランカスタマ」を迷わず選んだ。裏モノの記事に『ここは援交女たちの溜まり場になっていて、大浴場もあるので、風呂上がり援交が楽しめる』と書いてあったからだ。

料金は12時間で２８００円と格安だし、風呂上がりにその場で素人女と遊べるなんて魅力的すぎる。

「裏モノJAPAN」2019年9月号掲載

というわけで、東京滞在の3日間、グランカスタマに泊まって調査してきたので、報告したいと思います。

「サクッとで、いくらですか？」

初日の月曜日。晩メシを食べて夜8時、グランカスタマに到着。平日だというのに、受付カウンターのまわりには大勢の客が並んでいた。若いカップルや外国人観光客、スーツのリーマンや水商売風の女など、いかにも歌舞伎町って感じの客ばかり。混んでるな。

受付の奥にミニソファが並んだ待合スペースがあり、数人の男女が待っていた。風俗嬢っぽい女の子もチラホラいる。店員から見えない位置なので、エンコー交渉には便利かも。

暇なので同じ建物内にあるコンビニを覗いてみたら、短パンから生足を出した若い子たちが店内をウロウロしていた。ネカフェ備え付けのサンダルを履いてるし、ここに滞在してる客だろう。いかにも援交してそうだ。

30分ほど待たされて、ようやく受付終了。個室に荷物を置いて、噂の大浴場でひとっ風呂浴びる。

建物自体が新しいので、個室も風呂もピッカピカで気持ちいい。

風呂でさっぱりしたところで、館内のパトロール開始だ。

各フロアにカップルシートがあり、ラブホ代わりに使って帰っていく若いカップルたちと何組か遭遇した。ひょっとすると、あのうちの何組かは、援交女と客かもしれない。

ちなみにここ、階段が急なので、スカート女子のパンチラが結構な確率で見えるのがナイスだ。

喫煙所や漫画が読める仮眠室も覗いてみたが、女の姿はなし。

しばらくウロウロしていたら、1階の待合室に、エロくさい格好の女を発見した。茶髪に生足、だらしない雰囲気。いかにも援交してそうだ。声をかけてみよう。

「お姉さん、1人です？　よかったら遊びません？　サクッとで」

女がオレの顔を見るなりニコッと笑った。

「サクッとで、いくらですか？」

いきなりこんな会話が成り立つってことは、援交女で確定だろう。

「5千円ぐら…」

「あ、大丈夫でーす」

女は食い気味にそう言うと、首を横に振って手元のスマホを見はじめた。5千円じゃ話にならないってか。

ノーパンおばちゃんがマンコ御開帳

翌日の火曜日も、夜9時ぐらいにチェックイン。入り口脇の待合室や廊下、コンビニや喫煙室など、館内をしばらくパトロールしていたら、3階の客室フロアの自販機の前で、だらしない雰囲気の女を発見した。

「お姉さん、1人？　よかったら遊ばない？」

「えー…」

「サクッと5でどう？」

「え、どこまでですか？」

「手だけ」

「…なら、まあ、いいですよ」

よーし！

というわけで、すぐに俺の個室に2人で入り、5千円を払って手コキ開始。

期待してなかったが、途中で軽くお願いした生オッパイ見せに応じてくれたので、3

分ほどで無事発射することができた。

じゃあね、と適当な挨拶で女と別れ、風呂に入ったのが深夜1時。その後、個室に戻り一瞬で眠ってしまった。

そして3日目、泊まるのはこれが最後だ。チェックインを済ませ、同じ要領で館内を見て回るうち、初日と昨日も見かけた風俗嬢みたいな女が最低でも5〜6人いることがわかってきた。

風俗嬢か素人売春婦かはわからないが、そのうちの1人は、ノーパンのおばちゃんで、待合室の椅子に脚を乗っけてこちらにマンコを見せてきた。ああして御開帳して、客に声をかけられるのを待ってるんだろう。

その後、深夜2時ぐらいに喫煙所から出てきた茶髪のサンダル女に5千円で手コキ交渉して、無事スッキリ。充実の東京出張となったのだった。

★

俺が滞在した直後に、待合室の位置が変わって店員に丸見えになったらしいので、グランカスタマ援交を楽しみたいなら、交渉は個室フロアの廊下がいいと思います。

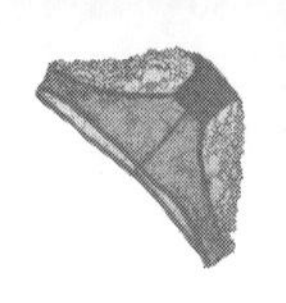

本当にエロい実話Exciting

「裏モノJAPAN」読者投稿傑作選

カ石パール／埼玉県 39才 会社員

鶯谷のラブホ「エンジュ」が廊下セックスマニアたちのメッカになっている

「ここ、廊下プレイが流行ってんのよ」

今年5月末、東京・鶯谷でセフレと飲んだあと、目についたラブホへ。エレベータで上階に行き、部屋に入ろうとしたタイミングで、不思議な光景が飛び込んできた。

「裏モノJAPAN」2020年9月号掲載

（は？）

一瞬で体が固まってしまった。なぜなら真っ裸の中年カップルが立ちバックでお楽しみ中だったからである。なぜか廊下で。

呆然と立ち尽くす俺たちに気づくと、男が腰を動かしたままでニコリと会釈した。

「見られちゃいましたね。驚かせてすいません」

「あの、何をされてるんですか？」

「僕ら、露出が大好きでね」

露出が好きという言い分は理解できる。人の趣味はいろいろだ。

しかしだからといって、こんなプレイが許されるのだろうか？　勝手に部屋の外に出て、派手に立ちバックをかますなんてやりたい放題もいいところだろう。

「ここ、廊下プレイが流行ってんのよ」

男いわく、この「エンジュ」というラブホ、各部屋の入り口にセンサーが設置されておらず、廊下にも防犯カメラがついていない、つまり客が自由に廊下や他の部屋に出入りできることから、スワッピングマニアなどの変態から重宝されているという。

「もちろん、ホテルのスタッフにバレたら叱られるよ。だから、なるべくこっそりやらないとね」

なんでも、かつては都内・大久保にもエンジュのように部屋間の出入りが自由なラブホがいくつかあったものの、スタッフに気づかれてからはそういった使い方ができなくなったらしい。

「じゃあ今は、このホテルがスワッピングマニアの一番人気ってことなんですか」

「スワッピングもそうなんだけど、僕らみたいに廊下プレイ目当てのカップルも増えてる感じかな」

「へえ」

そんなこんなでしばらく彼らのセックスを鑑賞させてもらっていると、男がふいに口を開いた。

「もしよかったら僕らの部屋に来ませんか？」

男の狙いは当然、スワッピングだろう。俺もまんざらではなかった。しかし、そんなハイレベルな変態プレイをセフレがＯＫするハズない。

とりあえず彼女をなだめすかして男の部屋には行ったものの、結局、互いのセックスを見せ合う相互鑑賞が限界だった。

手マンでイジメてやってくださいよ

家に帰ってネットで調べたところ、エンジュに関する記述をいくつも見つけた。

どうやら、エンジュで廊下プレイをやろうというカップルは、5ちゃんのスレッド「エンジュ流行らせよう」「【東京】廊下に出られるラブホテル　カプ専」

や、他にも
「スワッピング募集掲示板　カップル用」というサイト、ナンネットの「関東／生見せカップル」板などで告知を出しているようだ。

後日、新しい告知を見つけたのでエンジュへひとりで駆けつけた。

指定された4階の廊下に行ってみると、30代くらいのカップルの姿が。男は服を着ている状態だが、女は素っ裸で首輪とリードをつけられ、四つん這いで歩いている。すごい、ヘンタイ度けっこう高めだぞ！

男が話しかけてきた。

「こいつ、ドMなんですよ。手マンでイジメてやってくださいよ」

マジか、では遠慮なく！

そっと女のマンコに触れてみる。男の発言にコーフンしたのか、すでにヌレヌレ状態で、膣穴に伸ばした人差し指がニュルンと吸い込まれていく。そのまま中を強めに刺激してやった。

「あ！」

体を震わせ、声を出す女。すかさず男が叱り飛ばす。

「バカ。声を出すんじゃねーよ。ホテルの人にバレちゃうだろ」

その間も俺は手マンを継続中で、女は苦悶の表情を浮かべ、必死に快感に耐えている。エロすぎだ！

やがて女は無言のまま体を痙攣させて果てた。が、俺の興奮のピークはここまで。

この廊下で…

この後、カップルは自分の部屋でセックスを始めたのだが、俺は参加させてもらえず、傍観役を命じられたからだ。

ラブホでアカの他人のセックスを間近で見るってのも確かに得がたい経験ではあるけど、やっぱり彼女にぶち込みたかったなあ。

★

現在もエンジュには露出&スワッピングカップルがちょこちょこ現れている。ただし最近、単独男はあまり歓迎されてないので（単独男ＯＫのカップルももちろんいるが）、できればこちらも女を用意しておくことをオススメする。

本当にエロい実話Exciting

「裏モノＪＡＰＡＮ」読者投稿傑作選

天橋立で海側に向いたパンモロを次から次へと観察できるステキな旅館があります

津村エイジ／京都府 32才 会社員

日本には、股のぞきという風習がある。上半身を前に折り曲げて股の間から顔を出し、逆さまにものを見る動作のことだ。

この股のぞき発祥の地として有名なのが、日本三景のひとつ、天橋立だ。股のぞきによって空と海が逆転し、細く連なった松林があたかも天にかかった浮き橋のように見えるからで、天橋立という名称の由来にもなっている。

こんなイキサツがあるため、天橋立を訪れる観光客はほぼ１００％、股のぞきを行う。

「裏モノJAPAN」2020年9月号掲載

そして、展望台である傘松公園にはご丁寧に股のぞき台がいくつも設置されているのだ。

物理的にパンチラを拝めない

前置きが長くなった。そろそろ本題に入ろう。

俺が主張したいのは、この股のぞきをミニスカ女子がやれば、確実にパンティが露わになるということだ。もはやパンチラならぬ、パンモロのレベルで。

にもかかわらず、傘松公園を訪れるミニスカちゃんはみな堂々と股のぞきをやってのける。

パンチラを誰かに見られる心配がないからだ。

というのも、絶景ポイントである傘松公園は山の中腹にあり、ここで股のぞきをやる際は、ケツを海側に向けるため、物理的にパンチラを拝めないのだ。

実際、女子大生グループが傘松公園で股のぞきをやってる場面に幾度となく遭遇したことがあるが、あれほど悔しい思いをしたことはちょっと記憶にない。パンモロが目の前で発生しているというのに見られないだなんて！

涼しい部屋で、ビールを飲みながら

すいません。また余計なことをダラダラとしゃべってしまった。今度こそ核心に触れるとしよう。

天橋立の股のぞきパンチラは、山のふもとからズーム機能付きのデジカメを使えばバッチリ見られる。

オススメの場所は松風荘という有名旅館だ。この旅館は予約時に天橋立、あるいは傘松公園に面した客室いずれかを要望でき、公園側の部屋の窓からは股のぞき台が確認可能なのだ。

とはいえズーム能力が50倍程度では正直、キビしい。理想は100倍、それがムリでもせめて80倍以上は欲しいところだ。撮影不要の場合は100倍ズームの望遠鏡を使うのも手だ。デジカメより断然格安で入手できる。

ベストシーズンは夏休みだ。周辺の道路は大渋滞、傘松公園も大勢の観光客でごった返すという盛況ぶりなので、当然、女子大生もわんさかやってくる。

ここしばらく、俺は毎年のように、天橋立で夏休みを満喫している。次から次へと魅感的なパンモロを見せつけてくるギャルたち。そいつをクーラーの効いた涼しい部屋で、ビールを飲みながらニヤニヤと鑑賞するわけだ。

さらにオマケもある。傘松公園へ行くには1人用リフトに乗らなければならないのだが、スカート女子とすれ違う際、彼女たちがパンチラしていることが頻繁にあるのだ。まさにパンティ尽くしの旅といえる。

みなさんも今年のGoToキャンペーンは天橋立で過ごされてはどうか。必ずや充実した時間を過ごせるハズだ。

2人の間に見えるのが松風荘

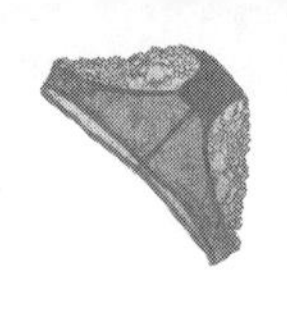

本当にエロい実話Exciting
「裏モノJAPAN」読者投稿傑作選

バイク改造スマホゲーム「単車の虎」を使えば飢えた人妻(ブス)とすぐヤレます

浜田虎雄/東京都 35才 建築

スマホのゲームアプリを介して人妻と不倫を始めたという話をちょいちょい耳にすることがあると思う。

俺もディズニーツムツムだとかポケモンGOだとか色々やってみたが、いま一番人妻を食えるゲームアプリは、ダントツで「暴走列伝　単車の虎」だと思う。

俺がこのアプリを始めたのは半年前だが、すでに4人の人妻とヤった。詳しいやり方を紹介しよう。

「裏モノJAPAN」2020年8月号掲載

語尾が「〜ニャン」「〜しゃん」

このゲーム、基本的に暴走族のメンバーになってアバターを作り、自分の単車を改造したり、タイマン勝負をしたりしながらレベルを上げていくことが目的だが、「族の集会」に参加したり「ダチ」を作ってプレイヤー同士が交流できるＳＮＳ的な側面が非常に強い。

といっても、レベル１００以下では誰にも相手にされないので、最初はゲーム内でタイマン勝負を繰り返し、自分のレベルを上げるしかない。ここは我慢だ。

レベル１００（2〜3日程度で到達できる）ぐらいになったら「ダチ」の検索へ進む。狙いはレベル４００以下の、比較的新しい子だ。それ以上になると本格的にゲームにハマっている「ガチ勢」のパターンが多く、口説くには難易度が高すぎるのだ。

さらに絞り込みのポイントとして、最近オンラインになったかどうか（活発にゲームをやってるかどうか）の確認と、それぞれの「伝言板」のコーナーに寄せられたメッセージのノリを見ておきたい。

当然だが、ゲームのことしか書いてないようなガチ勢女はパス。男たちの書き込みにぶりっ子しながら応じるような、いかにも出会い厨っぽい女を狙っていけば話は早い。

メッセージに絵文字を多用していたり、人名の下に「〜たん」を付けたり、語尾が「〜ニャン」「〜しゃん」などと変な言葉遣いの女は、オンナとして見られたい熟女系の確率が高いので狙い目だ。

イケそうな女が見つかったら、「ダチ申請」して、伝言板にメッセージを書き込んでいく。

『こんちは〜。よかったら友達になってくれませんか？』

ぐらいの軽い感じで爆撃を繰り返していけば、3割ぐらいが承認してくれるはずだ。

直接ダチ探しする以外にも、「たまり場」という掲示板コーナーを覗いてもいいだろう。

ここは基本的に雑談をするだけのコーナーだが、都道府県別で掲示板が別れているので、自分のエリアに近い相手を見つけやすいのがメリットだ。

ちなみに、30代以上、特に40代が圧倒的に会いやすいが、ゲーム内に年齢の表記がないので、本人に直接聞かないと実年齢はわからない。顔写真もないので、選り好みせず手当たり次第に攻める以外、方法はないと思っていい。

いかにもスナックで働いてそうな

俺が最初に仲良くなって実際に会った人妻、ケイコ（仮名）さん（45才）は、言葉遣いが変な女で、最初から『トラオしゃん（Φ ω Φ）あんがと〜う☆』みたいなノリだった。なぜかわからないが、このアプリにはこういうノリの女（みんな40代以上のオバハン）が多いのだ。

彼女はダチ申請したらあっさり了承してくれて、軽く褒めながら課金アイテムのカレー（体力を復活させる。代金１００円）をプレゼントしてあげたら大喜びしてくれ、アプリの伝言板で旦那の愚痴を語るようになった（伝言板のメッセージは自由に消せる）。

『いい女なのにもったいないね』

『そんなこと言ってくれるのトラオしゃんだけだよ〜（T_T）』

なんてやり取りを続けつつ、ＬＩＮＥでやり取りしようと持ちかけたら、あっさりＩＤを教えてくれたのだ。

ここから先はアプリと関係ない話だが、彼女はＬＩＮＥのやり取りで旦那とは10年以上セックスレスだと言っていた。

翌週の平日に待ち合わせしたら、いかにもスナックで働いてそうな雰囲気のハスキーボイスの細身のおばさんが現れ、居酒屋で軽く飲んで、その日のうちに安ホテルに連れ込めた。

彼女も含め、単車の虎で会った人妻4人全員が、ちょいブスで男に飢えていてエロいという特徴を持っていた。

1人も美人がいないのはアレだけど、エロい人妻を探すのにこれほど良いツールはないと思う。

写真はイメージです

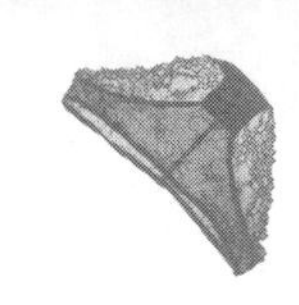

本当にエロい実話Exciting
「裏モノJAPAN」読者投稿傑作選

イソジンうがいだけのためにヘルスに出向いてみたら予期せぬイイことが起こりました

今井コンタ／東京都 32才 会社員

大阪の吉村知事が、「ポピドンヨードでうがいすればコロナに打ち勝てる」などとテレビで発言したおかげで買い占めが始まり、街中の薬屋からうがい薬が姿を消してしまった。実際、近所の薬局をのぞいてみたら本当に売り切れになっていた。

ポピドンヨードの別名はイソジン。風俗に行けば必ず「お口ゆすいでくださーい」と差し出される、あの茶色くてマズい液体のことだ。

薬局に売ってないので、コロナ予防のために風俗にうがいだけしに行く、という企画

「裏モノJAPAN」2020年10月号掲載

はそこそこウケるかもしれない（俺はしょぼいブログを運営しているのだ）。題して、『吉村知事のせいでイソジンが品切れになったのでヘルスにうがいしに行ってみた』だ。いざ出撃！

うがいが終わったら速攻で帰ろう

都内で新規のコロナ感染者が450人以上発生とのニュース報道があった8月の土曜日、歌舞伎町にある老舗ヘルスに向かった。

こんなしょうもないネタのためにコロナに感染するのは絶対にイヤなので、店内では細心の注意を払いたい。

お店に行ってもマスクは取らず、嬢との接触は極力避ける。もちろんキスもナシ。うがいが終わったら速攻で帰ろう。

いざお店に到着。マスク姿の男性店員が迎えてくれた。

「いらっしゃいませ〜」

あくまでイソジンうがいがメインの目的なので、最短の30分7千円のコースを選択。15分ほどでお呼びがかかった。

「こんにちは〜」

おおっ…。現れたのは髪型以外ほぼパネルどおりの、地味系の色白美人ちゃんだった。当然だが彼女はマスクを着けてない。すごく可愛いけど…やっぱりめっちゃ怖い。

挨拶して、少し距離を取りながら2人で個室へ移動する。服を脱いで、いざシャワータイムだ。

嬢が素っ頓狂な声をあげた。

「あれ、マスク着けたままシャワー入るんですか？」

「うん、気にしないで大丈夫だから」

怖いので、うがいのとき以外ははずしませんよ。

「すみません、これでうがいしていただけますか？」

さっそく本日のメイン、イソジンの登場だ。マスクをずらし、イソジンの入ったお湯でクチュクチュと口をゆすぎ、さらにゴロゴロとうがいもする。本当にこれだけでコロナに罹らないならラクなんだけどなあ。

ダメだダメだと思う気持ちが逆に

さて、うがいも終わったし、そろそろ帰りましょうかね。と口を開きかけた瞬間、彼女が動きだした。

「じゃ、カラダ洗っていきますね～」

「…」

断るのも無粋かと、体をまかせる。なるべく顔を離しながら。

アワアワの手でニュルニュルされ、あっという間にビンビンになる我が愚息。ああ…キミ、めちゃくちゃ手コキ上手だね…。でも大丈夫かな、コロナ。ヘルス嬢の手からチンポを経由して感染したかもなんて、保健所に聞かれても絶対言えないぞ。

「すごーい、固くなってますね…フフフ」

上目遣いでエロい顔になってる…。うわ～なんかすっげー興奮してきた。

実はこのとき、俺はある事実に気付いていた。普段の風俗遊びよりも、今日は何倍も興奮しているのだ。女の子がタイプというのもあるが、理由はそれだけじゃない。

結局、感染の恐怖に怯えながらも、甲斐甲斐しく俺の身体を拭いてくれる嬢に何も言い出せないまま、ベッドの上に誘導されて横たわってしまった。

彼女が覆いかぶさってきた。本当にヤバイ。ついにプレイ開始だ。

まずは首筋から脚先までのねっとりとしたリップサービスが始まった。おお～、めっちゃ気持ちいい…。全身に鳥肌が立ちまくるほどの快感だ。と同時に、嬢の唾液が身体に付着しまくり、感染確率はぐんぐん上がっているはずだ。もはや濃厚接触どころの騒ぎじゃない。なのに、この興奮はなんだ。

おそらくだが、この恐怖感こそが、俺の快感をブーストさせている理由なのではないか。ダメだダメだと思う気持ちが、逆に興奮を生んでいるのだ。

いよいよビンビンに勃起したチンポをチロチロ&レロレロからのパックリ。唾液でヌルヌルになったチンポをシコシコされるうち、5分も経たないうちに全身に強烈な快感の波が押し寄せ、お口の中に大量の精子を放出してしまった。ふぅ…。こんなに気持ちいい射精は久しぶりだ。

結局、帰るどころかプレイを断ることすらできず、きっちり口内発射までしてしまった。

今までコロナの感染リスクを承知で風俗に行きまくる連中のことがまったく理解できなかったけど、今ならよ〜くわかる。

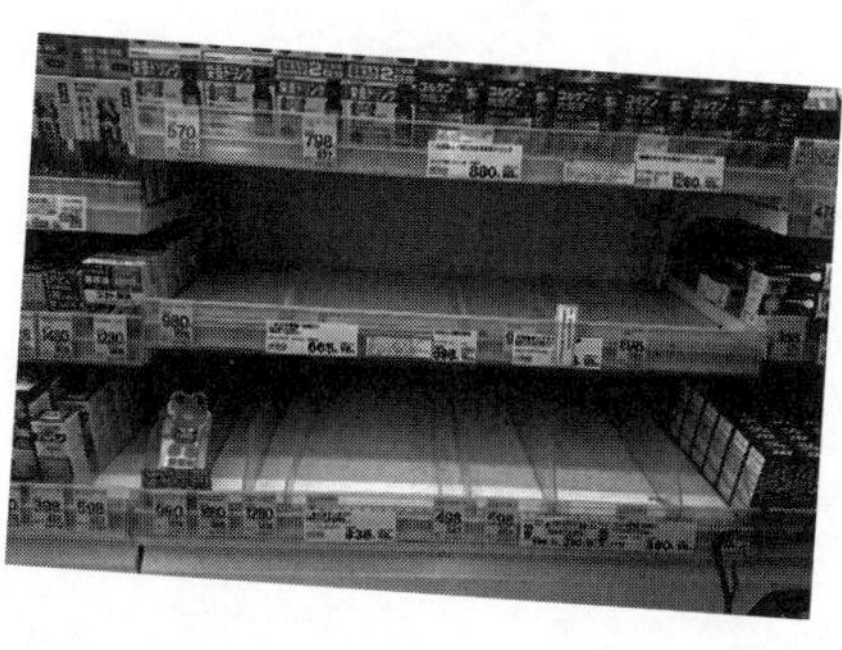

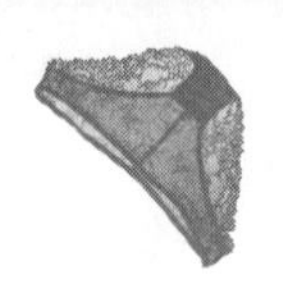

「裏モノJAPAN」読者投稿傑作選 本当にエロい実話Exciting

増田健太郎／東京都 27才 会社員

イケメン加工は強すぎる！見知らぬ男女のZoom飲み会で連絡先を楽々ゲットする

コロナの影響で急速にシェアを広げている「Ｚｏｏｍ」は、自宅にいながらスマホやパソコンの画面を通して、何人もの相手と会議ができる、ビデオ会議アプリの一種です。

読者の方々の中には実際にリモートワークで使われている人もいるかもしれません。

実は最近、ビジネス用途だけでなく、男女の出会いにこの「Ｚｏｏｍ」が活用されています。

今回、私が紹介したいのが「Ｚｏｏｍ飲み会」と呼ばれるこれらのイベント。

「裏モノJAPAN」2020年6、7月合併号掲載アプリを介し、画面上で通話しながら行う飲み会なのですが、ネットの掲示板で頻繁に募集されていて、パソコン1台あれば誰でも参加できるお手軽な出会いの場になっています。

ジモティーとノミトモで開催

本当にそんな飲み会が開催されているのか疑問に思う人は、試しにジモティーの「メンバー募集」で検索してみてください。「Ｚｏｏｍ」や「オンライン飲み会」で調べれば、毎日10人以上のユーザーがなにかしらのイベントを投稿しています。

いまのところ、一番募集が多いサイトがこのジモティーです。主に20代後半から40代の男女が中心で、大勢でゆったり会話をしながらの飲み会が多いです。

Ｚｏｏｍ飲み会はどこの地域にいても参加できますが、ジモティーに限っては、やはり近所の人が開催している飲み会がオススメです。

会話の内容も、あそこのドラッグストアでマスクが売っていただとか、どこそこのテイクアウトが美味しいだとか、その地域限定の話が多いですから。

私の経験上、やっぱり共通の話題がある方が仲良くなりやすいです。

さらには「ノミトモ」という、普段は近所に住む飲み友達を探すサイトでも、期間限定でZoom飲み会の相手募集が行われています。

こちらは本当に酒が好きな奴らが集まっているので、男女ともにテンションが高く、4、5人の男女が一緒になって、ワイワイ飲む雰囲気です。

先日など、ノミトモで開催されたZoom飲み会で、1人の女参加者が画面越しに乳首をさらしていました。

深夜2時くらいにテンションが上って、一瞬ですが見せてくれたのです。まあ30代半ばのポチャ女性でしたが、かなり興奮しましたよ。

このように、1人で飲んでいると深酒になる傾向があるので、ラッキースケベを狙うのも楽しいかもしれません。

今のところ、これらジモティーとノミトモで毎日のように開催されているようです。

加工ソフトでイケメンになれば

ただし、普通に参加するだけでは女と仲良くなるのは難しい。そこでここからは、私が使っている加工ソフトを紹介しましょう。

意外と知られていませんがＺｏｏｍでは、通話中に自動で顔を補正してくれるソフトを使うことができるのです。

これを活用すれば私のようなフツメンでも、いとも簡単に連絡先をゲットできます。スカイプやＬＩＮＥのような他の通話アプリにはない素晴らしい機能ですね。

その名も「Ｓｎａｐ Ｃａｍｅｒａ」。このソフトにはフィルタと呼ばれる補正がいくつもあって、その中でも「Ｍｙ Ｏｔｈｅｒ Ｔｗｉｎ」が私のオススメです。

これを使えば誰でもホリが深くなって、ヒゲが生えた渋い男に変身できる。かなり高性能なので、自然な加工でイケメンになれます。

他にも美白にしてくれたり、目を大きくしてくれたりなど、いくつものフィルタがあるので自分好みのものを探してみるといいでしょう。

ただし、注意点があります。

通話中に自動補正と加工を行うので、素早く顔を動かすと加工が消えてしまいます。トイレに行くタイミングに注意してください。自分の顔を触るのも厳禁です。

これだけ聞けば難しそうですが慣れれば簡単です。それに、イケメンになれるなら背に腹は代えられませんよ。

実際、これらの手法を駆使して１カ月で、10名ほどのＬＩＮＥ ＩＤをゲットできました。

現在は個別に連絡を取り合って仲を深めているところです。みなさんも参考にしてみてください。

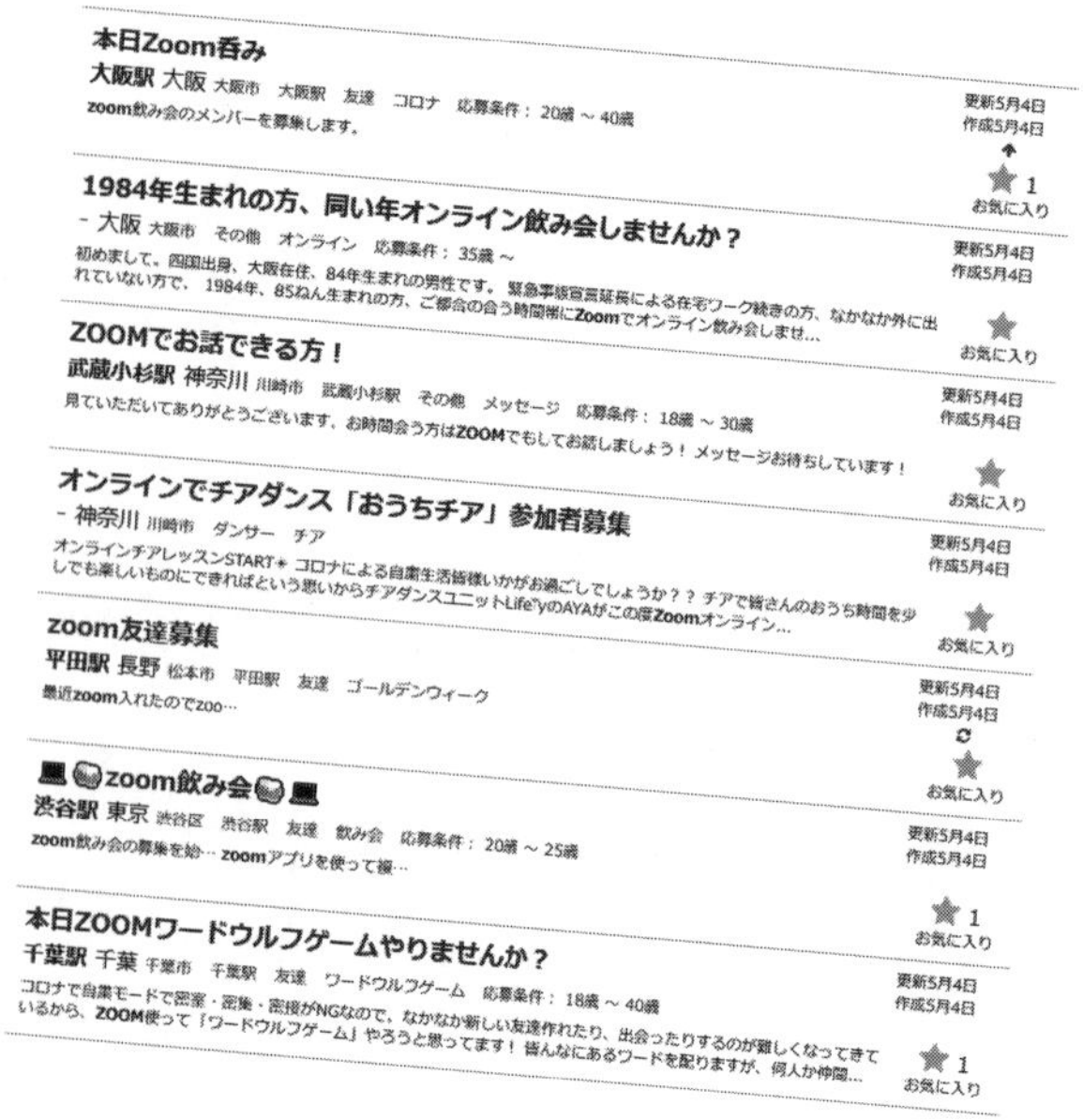

本日Zoom呑み

大阪駅 大阪 大阪市　大阪駅　友達　コロナ　応募条件：20歳 ～ 40歳

zoom飲み会のメンバーを募集します。

更新5月4日
作成5月4日

1 お気に入り

1984年生まれの方、同い年オンライン飲み会しませんか？

- 大阪 大阪市　その他　オンライン　応募条件：35歳 ～

初めまして。四国出身、大阪在住、84年生まれの男性です。緊急事態宣言延長による在宅ワーク続きの方、なかなか外に出れていない方で、1984年、85ねん生まれの方、ご都合の合う時間帯にZoomでオンライン飲み会しませ...

更新5月4日
作成5月4日

お気に入り

ZOOMでお話できる方！

武蔵小杉駅 神奈川 川崎市　武蔵小杉駅　その他　メッセージ　応募条件：18歳 ～ 30歳

見ていただいてありがとうございます。お時間会う方はZOOMでもしてお話しましょう！メッセージお待ちしています！

更新5月4日
作成5月4日

お気に入り

オンラインでチアダンス「おうちチア」参加者募集

- 神奈川 川崎市　ダンサー　チア

オンラインチアレッスンSTART＊ コロナによる自粛生活皆様いかがお過ごしでしょうか？？ チアで皆さんのおうち時間を少しでも楽しいものにできればという思いからチアダンスユニットLife'yのAYAがこの度Zoomオンライン...

更新5月4日
作成5月4日

お気に入り

---

zoom友達募集

平田駅 長野 松本市　平田駅　友達　ゴールデンウィーク

最近zoom入れたのでzoo…

更新5月4日
作成5月4日

お気に入り

---

zoom飲み会

渋谷駅 東京 渋谷区　渋谷駅　友達　飲み会　応募条件：20歳 ～ 25歳

zoom飲み会の募集を始… zoomアプリを使って複…

更新5月4日
作成5月4日

1 お気に入り

本日ZOOMワードウルフゲームやりませんか？

千葉駅 千葉 千葉市　千葉駅　友達　ワードウルフゲーム　応募条件：18歳 ～ 40歳

コロナで自粛モードで密室・密集・密接がNGなので、なかなか新しい友達作れたり、出会ったりするのが難しくなってきているから、ZOOM使って「ワードウルフゲーム」やろうと思ってます！ 皆んなにあるワードを配りますが、何人か仲間...

更新5月4日
作成5月4日

1 お気に入り

本当にエロい実話Exciting

「裏モノＪＡＰＡＮ」読者投稿傑作選

「あ、それ気持ちいい！」セックスに悩む女性の下ネタをZoomで楽しむ

小島新太郎／東京都 40才

ネットでエロ動画を探していたら、気になるサイトが目に留まった。マンコの形をした模型の写真が載ったトップ画面に『女性器から広がる宇宙！　オンライン講座開設！』と書いてある。

なんでも、〝女性器に関する正しい知識や意識をオンラインで学び、自分の体やセックスに対しての意識を改めるのが目的〟の講座だそうで、受講すればセックスレスも克服できるそうな。

「裏モノJAPAN」2021年1月号掲載

なんか胡散臭いけど、月額2千円を払えば男でも週に一度、ミーティングアプリのZoomを使った講座に参加できるらしい。女性参加者たちとエロい関係に発展できるかもしれない。2千円なら試しに参加してみようかな。

結局のところ、アクメに達したい

サイトから自分のメアドを登録すると、すぐにメンバー専用ページについての情報が届いた。セックス講座は毎週水曜日の夜9時から開催されるらしい。

というわけで、水曜日の夜、パソコンにwebカメラを取り付け、Zoomからログイン。

パッと画面が変わり、30代の丸顔の女性が登場した。

「皆さん、こんばんは。今日は代表のKさんが参加できないので、私が代理で司会を務めさせていただきます」

司会進行役の女性が、本日の講座についての説明を続ける。

今日の講座は「セックスに関するコミュニケーション」をテーマに、約1時間半、参加者同士で議論し合う予定とのこと。講座というより参加者同士のトークの場、という感じになるらしい。

　画面が切り替わり、参加者全員の顔が表示された。全部で11人。そのうち俺を含む4人が男性のようだ。

　メガネをかけた50才前後のおばさんがしゃべり始めた。

「今日は私の提案で、このテーマを選んでもらいました。例えば、プレイ中にパートナーに質問しても、ちゃんと答えてくれなくて、どう思ってるのか、どう感じてるのかがわからないんです。なので、男性陣からこういうふうに聞いてもらえたらいい、なんて意見が聞けたらいいなって思ってます」

　つまり気持ち良いセックスのために、互いにして欲しいことを伝え合う方法を追求したい、ということみたいだ。

　意識高めな感じでしゃべってるけど、結局のところ、アクメに達したいってことだ。いい歳こいて貪欲なんだな。

今の喘ぎ声、めっちゃエロかったぞ

簡単な自己紹介を経て、3～4人のグループに分かれてトークすることになった。

俺のチームは、司会者の女性と、議題を提案した50代のアクメおばはん、さらにもう1人、30前後の痩せぎすの女性の4人だ。

まずは本日のテーマを提案したアクメさんから、セックスパートナーとの関係を含めた簡単な自己紹介だ。

「わたしは結婚してますが夫とはレスで、夫とは別に恋人がいます。肉体関係は恋人と持っています。一応どちらとも関係は良好です」

普段のセックス中、恋人に要求を伝えることが恥ずかしくてできない。どう伝えたらいいのかわからないので、他人の意見が聞きたいんだそうな。

メンバーたちが口を開く。

「具体的にココをこうしてああしてって、言いづらいかも」

「あんまり細かく説明するのも野暮というか、恥ずかしいですよね」

みんなうんうんとうなずいている。確かに、俺もフェラしてもらってるとき、『もっとカリの周りをグルグル回すように舐めて』だなんて恥ずかしくて言えないもんな。

と、さっきまで無言だった痩せぎす女性が口を開いた。

「わたしは、褒め言葉をサンドイッチしてますよ。あ、それめっちゃ気持ちいい！　でもココはもうちょっとこうして舐めて、みたいな感じで、褒めてノセてあげると、ポジティブな方向に行く気がしますね。気持ちいいときは、あ~んっ、気持ちいい！ とかって、わかるように声出します」

なんだなんだ、今の喘ぎ声、めっちゃエロかったぞ。

と、今度は司会者の女性が口を開いた。

「わたし、そもそもMなんですね。だから、Sの人の方が合うんですけど、夫は逆なんですよ。だから、わたしから攻めていかなきゃいけないんですよ。それがね~」

「アハハ~それツライかも~」

こんな調子で、女性参加者たちの下ネタ相談室みたいな時間が続き、あっという間に終了時間になった。このトークは、一体なんだったんだ…。

でも、初対面の女性たちとどっぷりと下ネタで盛り上がり、楽しかったのは事実だ。

初参加だっただけに連絡先を交換するような雰囲気にはなれなかったけど、このまま会に参加し続けていけば、いずれ性に貪欲な彼女たちとお近づきになれる日がくるかもしれない。

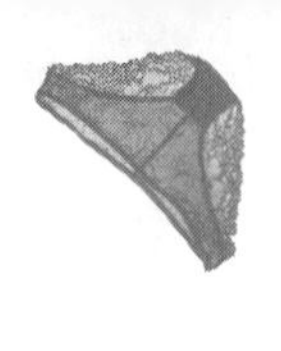

「裏モノJAPAN」読者投稿傑作選 本当にエロい実話Exciting

東京都 34才 会社員

子宮頸がん検診を終えたばかりの我がカワイイ同僚たちはつまり手マンほやほやの状態なのである

エロ動画並のスケベさなのです

一昨年、嫁が待望の第一子を妊娠しました。しかし、妊娠の初期段階の検査で子宮頸がんの疑いが。

すぐに精密検査を受けたところ、幸いにもガン細胞は検出されず、去年1月、無事に

「裏モノJAPAN」2020年11月号掲載

長女を出産しました。ガンの疑いと聞いて一時は目の前が真っ暗になりましたが、母子ともに元気ないまは最高にハッピー。神様に感謝です――。

クダらない報告はここまでにして、さっそく本題に入りましょう。

嫁に子宮頸がんの疑いが出た際、心配のあまり、自分でもいろいろと病気について調べたのですが、その過程で驚くべき事実が判明したのです。

子宮頸がんの検診は、エロ動画並みのスケベさなのです。ボクが調べた検診内容をぜひ読んでみてください。

まずは医者から「最近の生理はいつでしたか」のような質問があり（問診）、次に外診なるものが行われます。女性の腹部を指で押すなどして異常がないかを探るわけです。

問題は外診のあとに始まる内診。クスコと顕微鏡が一体化したようなコルポスコープという器具をマンコに挿入し、膣口をくぱぁ～とオープンに。そうやって子宮の状態やおりものの色などを調べるのです。医者もおそらく女でしょうが、挿入したクスコでマンコの中を覗かれるんですよ？　おりものの色をチェックされるんですよ？　どんな変態プレイだ！

この時点で鼻から血液がジェット噴射しそうですが、検診にはまだ続きが。

医者が指で腹部を押さえると同時に、反対の手の指をマンコに挿入し、子宮や卵巣を上下の指で挟む形で診察していく、つまり手マンをするのです。

まったく、開いた口がふさがりませんが、私がもっとも驚いたのは、この子宮がん検診が企業の健康診断の項目に含まれていることがザラにあるという事実です。

さっそく会社の後輩、N子に聞いてみました。

「うちの嫁が妊娠したときに子宮頸がんの検査に引っかかって、ヒヤヒヤしたよ。怖いよね、あの病気、20代でもなるんでしょ？」

「そうらしいですよ」

「じゃ、気をつけないと。うちの会社の健康診断に子宮頸がんの検診はないの？」

「ありますよ。私、あれ苦手なんですよね～」

そうか、あるのか。このときのボクの喜びといったらありませんでした。

いま手マンされたこと思い出してただろ！

昨年5月某日、待ちに待った機会が訪れました。会社の健康診断の日が訪れたのです。

ボクの会社は社員１００人程度の規模ですが、同日に全員の受診は不可能なので、診察日を振り分けて10人単位で行われます。

ボクの診察グループには女性3人がおり、ラッキーなことに、巨乳でセクシー系の同期、M美や後輩のN子もいます。社内随一のキレイどころと同じグループとは。こりゃ、ますます楽しみになってきたぞ。

健康診断が始まってすぐ、心電図の部屋の前で順番を待っていると、先に心電図を終えた見知らぬ女性が出口付近で看護師に呼び止められていました。

「●●さん、次は婦人科の検診になりますので、3番ルームの前で待っていてください」

婦人科の検診。子宮頸がん検診のことに違いありません。つまり3番ルームから出てきたM美やN子たちは、クスコ挿入や手マンをされた直後というわけです。

そんなわけで狙いのルームに注目していた矢先、順番待ちのイスについにN子が腰かけました。こうなったら自分の検診どころではありません。予定していた血液採取を放置して3番ルーム付近に急いで移動します。

やがて3番ルームのドアが開き、N子が出てきました。すかさず目の前の雑誌棚を漁り、さもいま彼女に気づいたかのような態度で声をかけます。

「今週の週刊文春を探してんだけど、見なかった？」

言いながら、まじまじとN子の表情を観察してやりました。

「いや、知らないですけど。向こうのラックにあるんじゃないんですか？」

顔が上気してるとか、汗ばんでいるとか、そういったわかりやすい現象は確認できない。しかし、クスコや手マンでマンコをグリグリされたことは確かなのです。なのに涼しい顔しちゃってさ…。自宅で彼氏とセックスしてたら急に母親が帰ってきたときの娘みたいな態度じゃないか！　その白々しさが逆にイヤらしい！

15分後、今度は3番ルームから出てきた直後のM美と話すチャンスが巡ってきました。

「よお、お疲れ。そんなとこでも検診やってたんだ？」

「まあね」

「へえ、なんの検診？　レントゲンとか？」

「…ん？　ああ、えーっと、婦人科系の検診だね」

ちょ、何だよ、その意味深な間は！　いま絶対に手マンされてたこと思い出してただろ！　いや〜タマりませんな〜！

さて、3人目の女子は50近いオバサン社員なのであえてスルーしましょうかね。

★

大収穫です。いつも退屈な健康診断でここまでコーフンできるとは。みなさんもぜひ試してみてください！

と言いたいところですが、今年はコロナのせいで健康診断を延期している会社が多いそう。残念ながら我が社も同様です。はやくコロナの脅威がなくなって、平和な世の中が戻ってきほしいものですね。

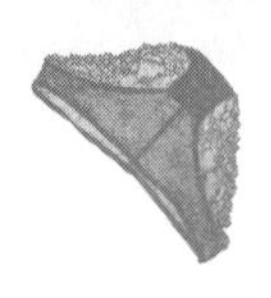

「裏モノJAPAN」読者投稿傑作選　本当にエロい実話Exciting

昼間のハプニングバーには暇と性欲をもてあました人妻が集まっておりました

道井　浩二／東京都　40才　会社員

「裏モノJAPAN」2020年5月掲載

昨年12月の話です。

それまでの私は、ハプニングバーにやや否定的な立場を取っていました。二度ほど遊びに行ったことがあるものの、一度もセックスができなかったからです。

たしかにエロい女客は来ています。でも、そういう女は常連の男やナンパ師的なヤツらにソッコーで持っていかれ、私のような奥手な客は指をくわえて見ているしかない。そんな展開に嫌気がさし、足が遠のいたのです。

が、ハプバーに関してはひとつ、興味もありました。

（昼の時間帯ってどんな感じなんだろう？）

ハプバーといえば夜のイメージが強いですが、たいていの店は昼から営業しています。夜と昼では何か違いがあるのか。実は昼の方が楽しかったりするのでは？

そんなわけで12月の平日昼、淡い期待とともに、新宿の某店へ足を運んだのです。

人妻は言った。「よし、ハプろう！」

受付を済ませて店内に入った直後、がっかりな光景が広がっていました。客はカウンターでビールを飲んでいるおっさんのみ。女客はひとりもおらず、ヒマそうな男性店員があくびをしています。ああ、来るんじゃなかった…。

とはいえ、すでに高い入場料を支払った手前、すごすごと帰るわけにもいきません。しかたなく私もビールを注文し、ひとりで席に座ります。シケたおっさん客とは話す気にもなれません。

それから30分が過ぎたころでしょうか。新しい客がひとり現れました。女です！

歳のころは30後半くらいで特に美人でもありませんが、バスタオルを巻いたボディは健康的に引き締まっています。

彼女は店内を見回したあと、私の隣にやって来ました。目が合うとニコリと笑顔が。

「こんにちは。この店にはよく来るの？」

「うーん、時々かな」

彼女は既婚者で普段は主婦をしており、スポーツジムの帰りにふらっとここへ立ち寄ったのだそうです。

「ジムで汗かくと、何だかムラムラしちゃうんだよね」

「え、そうなの？　じゃ俺とハプっちゃう？」

女のド直球なセリフに舞い上がり、思わず誘ったものの、言った直後に後悔しました。こんなにガツガツした態度じゃ断られるに決まってるわ。

が、彼女は言ったのです。

「ふふ、そうこなくちゃ。よし、ハプろう！」

ＯＫなのかよ！

彼女の手を取り、いざプレイルームへ。慌ただしくバスタオルを剥ぎ取ってからは夢のようなシーンが連続します。ディープキスに始まって、怒涛の手マン、悶えまくる女の顔、そして濃厚なフェラでビンビンになったところでバックでズブリです。

「ああん、もっと突いて！」

「こう？」

「そうそう！　やばい、めっちゃ気持ちいい！　チョー気持ちいい！」

この展開、彼女が店にやって来てわずか20分後のことです。いまさらのように感動しました。ハプバーってマジでスゲー！


「僕らも行かない？」「まあ、いいですけど…」


彼女は生粋のヤリマンのようで、一戦を終えてバースペースに戻るや、今度は例のおっさん客に声をかけ、またすぐにプレイルームへと消えていきました。すごい性欲という他ありません。

いつの間にか店内には男性客がひとり増えていました。軽く話しかけてみたところ、かなり気さくなキャラのため、つい話し込んでしまうことに。

その矢先に、素晴らしい展開が待っていました。2人組の女客が来店したのです。両人とも歳は40前後。派手でもなく地味でもなく、どこにでもいそうな熟女といった雰囲気です。

彼がすかさず彼女たちに近づきます。もちろん、私もあとに続きました。

しばらく雑談して判明したのは、女たちは友人同士でともに人妻であり、ハプバーには初めて来たということです。

彼が切り出しました。

「こういう店に来たっていうことはもちろんエッチ目的だよね？」

「ふふふ、どうだろうね」

「いやいや、絶対そうでしょ。もしよかったら俺たちと遊ぼうよ」

そう言って2人組のひとりにキスをかます彼。あれよあれよという間に彼らはプレイルームへと消え、私も意を決し、残った女に告げました。

「僕らも行かない？」

「まあ、いいですけど…」

★

というわけで昼のハプバーは男客が少ないうえに、エロい人妻がポツポツと現れる楽園でした。みなさんもぜひ！

本当にエロい実話Exciting

「裏モノJAPAN」読者投稿傑作選

吉田博隆／東京都 47才 会社員

中高年パーティの出口で獲物が出てくるのを待つ中年ナンパ師と立ちんぼ

月に一度、「三幸倶楽部」という団体が立食形式の中高年向け婚活パーティを開催している。

場所は渋谷にある東武ホテルの巨大なホールで、なんと参加人数は驚きの１５０人以上。都内でも指折りの大型婚活パーティだ。

現在、ここが入れ食い状態になっているので、世の中年オッサンに強くオススメしたい。

なにせ、他に参加する男はイモっぽくて冴えない奴が多いので、普通に女性と会話で

「裏モノJAPAN」2020年3月掲載

きる能力さえあれば、連れ出すことは容易なのだ。

ただし、少しばかり欠点もある。第一に女の年齢層がかなり高い。女性参加者の多くは60才前後。中には40才くらいの美魔女もいるが、それは全体の数パーセントで、ほとんどは厚塗り化粧のオバハンばかりだ。

第二の欠点として、料金が高いことが挙げられる。男性の参加費は7千円。超高額ってわけじゃないが、必ずしも美人がくるとは限らないのに、この金額は少々痛い。出てくる料理も、格安居酒屋のコースと変わらない粗末なものばかりだし。

これらの欠点をどうすれば解消できるのか。熟慮を重ねた結果、とっておきの秘策を思い付いたので、この場を借りて発表したい。

いちいち顔を覚えていない

その秘策とは、パーティの終了間際を見計らい会場に行き、出てきた女に声を掛けるという手法だ。

つまりは参加費を支払わずに女だけを横取りしようってわけだ。単純明快でしょ？

なにせ150人も参加するパーティなので、終了時間には出入り口が人でごった返す。これでは誰が参加者で、誰がホテルの利用者かの区別なんか到底できない。

そこで、参加者と思しき女性の中から目についた美魔女だけを狙って声をかけていくのだ。

誘い文句はこんな具合。

「さっき、会場で見かけたんだけど、タイミングが悪くて声をかけられなかった」

「よかったら、親睦を深めに軽く飲みに行かない？」

実際、会場内にいる人数も多いので全員と話ができるわけじゃない。そのため真実味があるようで、嘘だと疑う女は1人もいない。

そもそもが中高年なので、いちいち顔を覚えていられるほどの記憶力もないし、酒が入っているから誰も気にしないのだ。

何度かこの方法を試してみて気が付いたのだが、俺以外にも、同じやり方で女に声をかける男を発見した。

それも1人ではなく複数人。お決まりの4、5名が、終了間際になるとゾロゾロと集まってくる。彼らはそれぞれこの会に参加する女を狙っているらしい。

その中の1人と仲良くなったので、情報交換をしたところ、そいつは金を払わずパーティの中まで侵入することもあるという。

この会場のホールには喫煙所がないので、タバコを吸うには中庭まで出て行かなくてはいけない。そこで女に話しかけて、一緒にパーティ会場に戻れば、係員に不審がられることもなく、入れてしまうとのこと。なんとも大胆不敵な奴だ。

立ちんぼが地味男を狙って

終了間際に集まってくるのは、ナンパ目的の男だけではない。

なんと先日、1人の女性がパーティ終わりを待っているところを見つけた。外見はケバ目の茶髪熟女だ。

最初は中にいる女友達でも待っているのかと思っていたが、パーティが終わるやいなや、会場から出

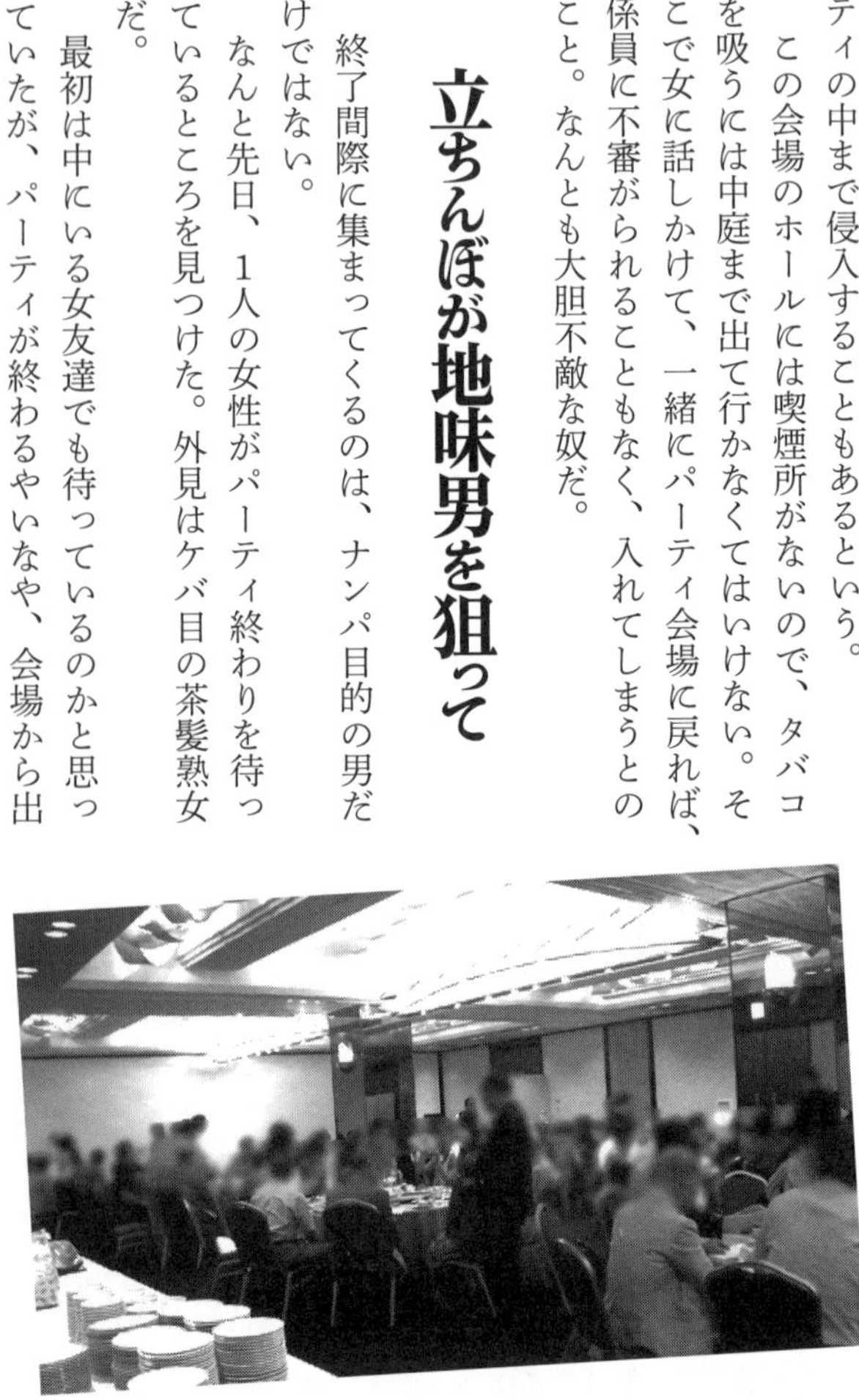

てきた男たちに声をかけていたので腰を抜かした。しかも狙うのはうつむきがちな地味男ばかり。

どうやら彼女は立ちんぼで、このパーティで上手くいかなかった男を狙って、性欲を処理してやってるらしい。もちろん有料で。

こんな風に得体の知れない奴らが集まる婚活パーティ。お時間がある方は終了間際に覗いてみてはいかがだろうか。

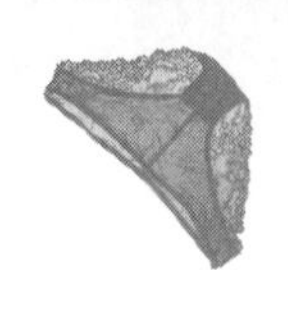

本当にエロい実話Exciting

「裏モノＪＡＰＡＮ」読者投稿傑作選

嘘つきを探すゲーム「人狼殺２」で強制カップルになった女とは仲良くなりやすい法則を発見

加藤慎一郎／東京都 27才 会社員

いま、ネット上で流行中のゲームアプリ「人狼殺２」をご存知でしょうか。

数年前から若者の間で人気だった、人狼というゲームがアプリを介してプレイできる手軽さがウケて、20代から30代の男女が毎晩のようにプレイしております。

実は私、このアプリで５人の女とＬＩＮＥＩＤを交換することができてしまったんです。まだ、始めて１カ月くらいなのに！

なぜ、そんなことが可能かといえば、このゲームの中身に秘密があります。プレイヤ

「裏モノJAPAN」2020年1月号掲載

ー同士が会話してゲームを進めるので、自然と男女の仲がよくなるんです。

しかも、合コンのような大盛り上がり。ではその実態をお教えしましょう。

「キスされて押し倒されちゃった」

まず、簡単にこのゲームの流れを説明しましょう。

アプリをスタートすると、自動で5から10人のグループに振り分けられます。

そして参加したプレイヤーの中から、アプリがランダムに2人の嘘つきの「狼役」を決めます。プレイヤーは自分たちに紛れ込んだ狼役を見つければ勝ち。狼役の人はバレずにいれば勝ちというゲームです。

実際にはもう少し複雑なのですが、大まかにはこんな感じです。この狼役を探し出すために各々が会話をしながら、怪しい人を見つけるので自然と会話ができるわけです。

しかし、これだけじゃ仲良くなるのは難しい。

そこでさらに盛り上がるために「エピソード人狼」という遊び方が流行っています。

先程説明したように狼役を見つけるときには会話しながらプレイをしますが、このエピソード人狼では、嘘のエピソードをしゃべった人を見つけ出すというゲームです。

例えば最初に決めたテーマが、初体験なら、それぞれが本当の初体験エピソードを話す中、狼役は嘘をつかなくてはいけないのです。

例えばこんな会話になります。

「えーと、わたしの初めては中学のときで、カラオケだった。キスされてそのまま押し倒されちゃったかんじ」

「まじかよー。彼氏の年齢は?」

「ふふ、塾の講師やってた大学生。21才かな」

「エローい!!」

こんな会話が繰り広げられる。聞いただけで楽しそうでしょ?

このエピソード人狼のミソは、嘘つき以外はみんな本当のことを話さなくちゃいけないってことです。つまり、ゲームの流れでマジのエロ体験談を聞けるわけですよ。

これがメチャ盛り上がる。さながら合コン気分です。

初対面の相手でも、ネットを介した声だけの関係なので、女の警戒心も薄い。かなりのぶっちゃけ話が聞けます。

初体験以外にも、性感帯や今までで一番興奮したHなんてテーマでも盛り上がることでしょう。

ドラマのカップル役が結婚してしまうかのような

他の遊び方には「キャラ人狼」というのもあります。各々がキャラになりきってロールプレイをするのです。

例えば全員が同じ高校のクラスという設定で、それぞれの男女が2人ずつになって付き合ってる設定にしましょう、みたいな感じです。

お互い下の名前で呼び合いながら、ゲームをするわけです。楽しそうでしょ？

こんな感じで盛り上がるアプリなんですけど、1時間ほどプレイをしたら、自然とグループから抜ける人も現れてきます。

そこで残ったメンバーで自然と雑談が始まります。

「このメンバーでやる人狼メッチャ楽しかったからさ、グループライン作ろうよ」

これで全員と連絡先を交換してから、後で気になっていた女の子に直接メッセージを送ればいいのです。

私の経験では、キャラ人狼でカップル役をやった女の子が一番反応がいいです。ロールプレイとはいえ少しは情が入るのでしょう。いわばドラマのカップル役が現実に結婚してしまうかのような。

オススメの時間帯は週末の夜10時から深夜の2時くらいまでの間。この時間に参加する女はヒマで構ってほしい奴らが多い。まあ、簡単に言ってしまえばメンヘラなのです。

家に引きこもりながら、出会いが見つけられるのでオススメです。

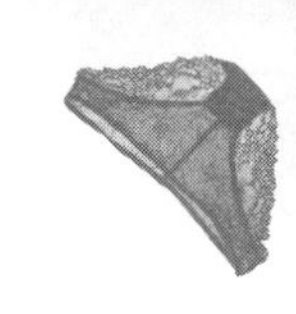

本当にエロい実話Exciting

「裏モノＪＡＰＡＮ」読者投稿傑作選

おっさんとワリキリ中に通話オン。寝取られ音声で聞こえてきた予想外ハプニング集

平岡ツトム／埼玉県 28才 会社員

セフレちゃん（24才）とこんな寝取られプレイで楽しんでいます。

まず出会いカフェにセフレを送り込み、客のワリキリ交渉に応じさせます。客とホテルに入ったあと、セフレはこっそり僕に電話し、あとは通話状態を維持したままに。

つまりセフレちゃんと男のセックス音声が僕のスマホにライブ中継されるのです。これがもうめちゃくちゃ興奮するというか。

このプレイはセフレちゃんにもメリットが。出会いカフェなら自分の意思でセックス

「裏モノJAPAN」2019年12月号掲載

相手を決められるので、苦手なタイプの男を避けることが簡単なのです。変態プレイの好きそうな、難易度の高い相手を回避できると。

寝取られ願望があるのは僕だけで、彼女はただ僕の性癖に付き合ってくれているだけなのですから、イージーなプレイをしたがるのは仕方がないことなんです。

しかし、チンコが限界まで勃起するのはやはり想定外の事態が起きたとき。セフレちゃんが人物鑑定を見誤ったときこそガゼン気持ちが盛り上がるわけです。

というわけで、これまで僕がもっともシビれた想定外のハプニングをいくつかご紹介しましょう。

プレイが始まるや、急に言動が変わり

まず最初は豹変男です。後にセフレちゃんに聞いたところ、この客、トークルームで話した時点では気のいいオッチャンといった感じの陽気なキャラで、しかも清潔だし、問題はなさそうと彼女は思ったそうです。

実際、ラブホに入ってからの音声を聞いていた僕も、よく笑うし、優しそうなオヤジだなという印象を受けたのですが、プレイが始まるや、急に言動が変わりまして。

「こら、奥までくわえろ」

「ぐふぇ、おえ、ぐふぇ」

「嫌がってんじゃねえよ、バカ。奥までくわえろ！」

状況からしてイラマを強要しているのは確実。挿入中も男のオラオラは全開で、あろうことかセフレちゃんにビンタをくらわせます。思わぬ展開に、僕は息を飲みました。

「おら、もっと声だせよ」

バシッ！

「痛い、顔は叩かないで」

「うるせーよ、もっと喘げ」

バシッ！

「うう、やめてください…」

半ばレイプのようなプレイに怯えっぱなしのセフレちゃん。もうサイコーでした。

彼女に説教をしまくる男の登場にゾクゾクしたこともありました。

「キミね、股を開いてカネをもらおうだなんて人生ナメてるでしょ？」

「そんなことないです」

「いや、ナメてるよ。こんなことやって恥ずかしくないの？　プライドないの？」

「そっちだってセックスのためにお金を払ってるでしょ？」

「カネで体を売る女がいるからだよ。自分のやってること親に言える？　ねえ？」

「……」

「なに黙ってるの？親に売春してますって言えるの？」

結局、セフレちゃんは言い負かされて泣き出したのですが、それでも男は泣きじゃくる彼女をハメ倒したのでした。ドSとしか思えません。

彼氏のチンポより気持ちいい〜〜！

最後にご紹介するのは、つい最近起きたもので、僕がもっとも興奮した出来事です。

というのも、ひょんなことから相手の男がセフレちゃんのスマホを手に取り、僕と通話中にしていたことがバレてしまったのです。男に問い詰められた彼女は、僕の命令で寝取られプレイに協力していたことを正直に告白しました。

僕としては当然、電話を切られるだろうと覚悟していたのですが…。

「彼氏さん、聞いてるか？」

突然、相手の男が声をかけてきました。

「いまからアンタの彼女を犯してやるから、そこでたっぷり聞いとけよ！」

何だかノリノリなのです。次に耳に飛び込んできたのはセフレちゃんのあられもない な喘ぎ声でした。

「あ、それダメ！　ホントにイッちゃうから！　イク！」

男が声を上げます。

「彼女、電マに弱いんだね。マンコがヒクヒクしてるよ。次は挿入しちゃおうっかな」

「ああ！」

「どう、オレのチンポデカいでしょ。大きいチンポ気持ちいいって言ってごらん」

「お、大きいチンポ、き、気持ちいい〜〜、あん！」

「彼氏のより気持ちいいっていいな」

「か、彼氏のより気持ちいい、ホントに気持ちいい〜！」

このときの、略奪された感はマジで尋常じゃなく、あまりの快感に、僕はいつもの倍以上精液を飛ばしたのでした。

コンビニで買い物できるから「いいね」を稼ぎたがってる若い子のエロ投稿がいっぱい！

田中健司／神奈川 27才 フリーター

気になるアプリを発見した。「Ｐｏｃｏｌｏ（ポコロ）」という名前のＳＮＳで、これが今までにはない珍しいシステムだったので皆さまにご紹介したい。

一見、他のＳＮＳと大差はないのだが、実はかなり珍しい機能を持っている。

なんと、このアプリ内では「いいね」がお金に変わるのだ。受け取った「いいね」を使ってコンビニで商品と交換ができてしまう現代的なシステムだ。

「１いいね」が「１円」の換金なのでたいした金額にはならないが、小遣い稼ぎにはな

「裏モノJAPAN」2019年9月号掲載

るようで、投稿された画像を見る限り、若い男女がこぞって利用している。パンケーキやらタピオカやら、流行りの食い物の画像が多い。

その中でひと際「いいね」を稼いでいる写真を発見した。

若い女が自撮りをしていて、しかも、ちょっと胸元をはだけさせているのだ。ちょいエロな内容なのでスケベな奴らから「いいね」が集まっているらしい。俺も思わずいいねを押してしまった。

このアプリはハッシュタグというキーワードを画像につけて投稿するのだが、該当の投稿には「#裏垢」「#エロ」と記載がある。

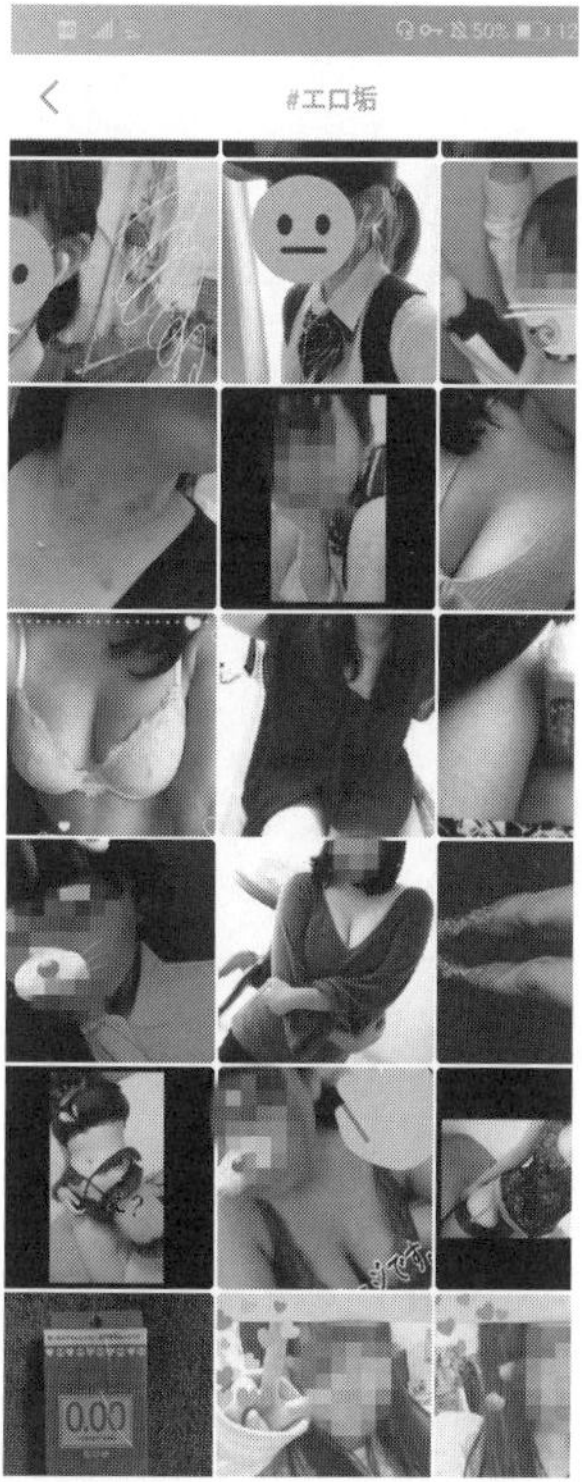

試しに「裏垢」で検索してみると下着を着て胸元をアップにしていたり、スノーで加工したオナニー動画

なんかが無数にアップされている。こりゃすごい！

その多くが若くてピチピチな女の写真だ。いいねを稼ぐために露出をしているらしい。ツイッターやインスタでも同様にいいね集めのために過激な画像を投稿することはあるが、このアプリは換金ができるので、さらにエロ画像が集まっているようだ。

ただし未成年にも見えるような画像もあったので利用するには注意が必要かもしれない。

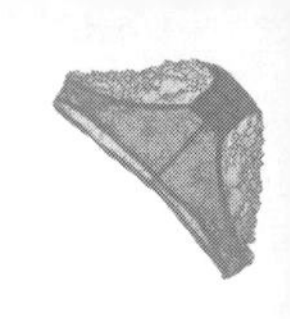

本当にエロい実話Exciting
「裏モノJAPAN」読者投稿傑作選

日本人よりダンゼン大胆！ガイジン女がすっぽんぽんでやってくる混浴はここだ！

池端順二／岐阜 51才 自営業

昨今、日本のあちこちで外国人観光客の姿を見かけるようになった。そしてその現象は、日ごろ私が趣味として巡っている、全国各地の混浴温泉においても例外ではない。そう、異国の女たちが日本の文化を存分に堪能しようと、服を脱ぎ捨て温泉場になだれ込んできているのだ。

とはいえ、外国人に大人気の混浴温泉は、たいていショボい。たとえば有名なニセコ温泉（北海道）や宝川温泉（群馬）などは、湯あみ着の着用がＯＫのため、ちっとも裸

「裏モノJAPAN」2019年9月号掲載

を拝めないからだ。

そこで全国の混浴温泉を知り尽くしている私が、外国人のヌードをばっちり鑑賞できる2大スポットをお教えしよう。

多くの外国人にとって混浴文化は相当に不慣れで恥ずかしいものだが、それだけに、いったん覚悟を決めると実に大胆だ。彼女たちと出会うことができれば、日本人の女には期待できない、ダイナミックな混浴体験を味わえることだろう。

見どころは恥じらいの仕草

まず最初に紹介するのは群馬県にある法師温泉・長寿館だ。人里離れた山中に佇む秘湯の一軒宿で、明治創業のレトロな建物は、国の有形文化財に指定されている。加えて映画「テルマエ・ロマエ」のロケ地になったこともあり、外国人のみならず日本人からの人気も高い。

混浴になっているのは、建物内にある大きな大浴場だ（内湯）。ただし、バスタオル巻での入浴がNGなこと、さらに週末はワニであふれかえることから、日本人の女はもっぱら女湯に直行し、ほとんど混浴には姿を見せない。

代わりにここへ現れるのは、外国人の女だ。なかでも目立つのはアジア系で、中国人、台湾人、韓国人といった面々がカップルで、あるいは男女グループでやって来る。

見どころはやはり、彼女たちが見せる恥じらいの仕草だろう。ハンドタオルを目一杯伸ばして前を隠しつつ、けれどプリンプリンのお尻と横乳を丸見えにしながら、顔を真っ赤にして歩く様は、これぞ混浴の醍醐味といったところか。

いつぞや、こんなことがあった。

長寿館の混浴は更衣室が男女で別れており、私はいつも女性更衣室の出口付近でワニ行為に励んでいるのだが、そこから1人の若い女が現れた。先に待っていたツレらしき男と合流し、中国語らしき言葉で会話を始めたあたり、どうも中国人カップルらしい。

が、カレシと並んで恥ずかしそうに湯舟に向かう彼女の後姿をニンマリと眺めたとき、私の視界におかしなものが。女の丸い尻にトイレットペーパーの切れ端が張り付いていたのだ。きっとトイレで用を足したときに、くっついたままになったのだろう。

思わず日本語で声をかけた。

「おーい、オネーサン、ちょっと自分の尻を見てみなよ」

ジェスチャーを交えてトイレットペーパーがくっついていることを教えてやると、彼女は慌てて体をひねり、その切れ端を取った。そのドタバタの際、ハンドタオルで隠していた乳や股間が丸見えになってしまったのだが、彼女、そこで照れ笑いを浮かべながら英語でひと言。

「サンキュー」

こちらこそサンキューだ。

欧米人はすっぽんぽんで通路を歩いていく

長寿館が東の横綱なら、西の横綱は大分県にある別府温泉保養ランドで決まりだ。ここは日本でも珍しい泥湯の温泉で知られ、アジア人よりも、白人の観光客が頻繁にやって来る。

私自身、ここにはまだ3回ほどしか行ったことがないものの、その3回とも白人の団体客（それも複数！）と遭遇していることからも、欧米人に人気があると見て間違いないだろう。

さて、この保養ランドには2つの混浴露天AとBがあるのだが、ワニにとってはそれぞれが実に都合よく配置されている。というのも2つの混浴露天のうち人気があるのは断然Aの方なのだが、そのAへ行くにはBにぴったりと隣接した細い通路を通っていかねばならない。

つまり混浴Bで待機していれば、Aに向かう女たちをじっくり仰ぎ見ることができる。

その際、バスタオル巻スタイルで通過することがほとんどの日本人女に対し、欧米人はハンドタオルで体の前を隠すだけだ。保養ランドの温泉はバスタオルを巻いての入浴が禁止されているだけでなく、バスタオルのレンタルも有料なので、わざわざ用意するのが面倒なのだろう。

そもそも欧米の女は、他人に裸を見られることへの抵抗感がアジア人と比べて少なく、場合によってはすっぽんぽんの状態で通路を歩いていくパターンも結構あるのだ。

なので、ここでの私の楽しみ方を教えよう。まず混浴Bで通過していく外国人ヌードをたっぷり堪能してからAへ移動。今度はそこで、女が湯から上がる、あるいは湯へ入るときのヌードを観察しつつチンコをシコシコするのだ。

ここの温泉は濃厚な白濁色のため、水中の手の動きを周囲に見られる心配はない。ただし、最低限のマナーとして、温泉の中での射精は絶対にしないよう気を付けている。

写真はイメージです

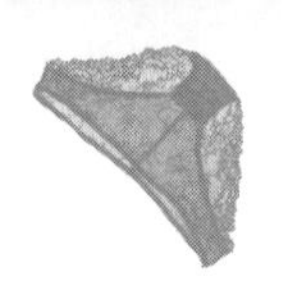

本当にエロい実話Exciting

「裏モノJAPAN」読者投稿傑作選

六本木はもう古い！楽勝の熟女ナンパディスコは、なんと浅草にあった

大島圭太／埼玉 37才 会社員

六本木のディスコ「マハラジャ」では、肉食系熟女がウヨウヨ集まり、男との出会いに飢えている——。

ずいぶん前の裏モノで（4、5年前）そんな記事を読んで以来、ヒマをみつけては同店を訪れるようになった。おかげさまで、何人ものエロおばちゃんとセックスができたわけだが、ここ最近、もしかしてマハラジャ以上では？　と思える格好の漁場を見つけたので皆さんに報告したい。

「裏モノJAPAN」2019年9月号掲載

「この女、タンスにオモチャ隠してるの」

その店を知ったキッカケは、ただの偶然に過ぎない。ある晩、友人と浅草・雷門のあたりをプラプラしていた際、入口からR＆B風のミュージックがうっすら漏れ聞こえる店を見つけ、興味本位で足を踏み入れることにしたのだ。

店の入口の看板には「ＡＩ　ＣＬＵＢ」と店名が書かれてある。ソウルバーのようなところだろうか。

ドアを開けてみて驚いた。なんなんだ、この光景は。

やや手狭な店内には爆音が鳴り響き、フロアのいたるところで、大勢の男女がひしめき合うように踊りまくっている。

「なんだろ、この店。クラブかね？」

隣の友人に話しかけると、ヤツは小首をかしげてぽつりとつぶやいた。

「クラブっていうよりディスコじゃね？」

言われてみれば確かにそうかも。店内に流れている曲はクラシックなディスコミュージックだし、何より客層に特徴がありすぎるのだ。

男も女も余裕の40オーバー。中には確実に50代に届いてそうな女や白髪頭のジーサンまでいる。つまり、マハラジャに来てる客と年齢層がピタリと一致しているのだ。てことはもしや？

近くにいた熟女2人組に声をかけてみる。

「ここ、いいお店ですね。よく来るんですか？」

「うーん、ときどきだね。1カ月に1回来るかどうかって感じかな」

「ところでオネーサンたち、独身？」

お約束のリップサービスを放り込むと、爆笑が起きた。

「やだ、年上のオネー様をからかうもんじゃないわよ。この人なんてハタチの娘がいるんだから」

ツレの熟女を指さして彼女が笑うと、そのツレが負けじと言い返す。

「ちょっとフザケンなって。この女なんか、ダンナに隠れて若い男と浮気してるのにさ、しかも変なオモチャまで買ってタンスに隠してるのよ。マジで色キチガイなの、ヤバくない？」

「ちょっと、それ言い過ぎ！　ぎゃははは！」

「だって本当のことじゃん。ぎゃははは！」

すごい。下品が服を着ているようだ。

六本木は気おくれする

その後、2人組とは別れ、目についたエロっぽい女客にどんどん声をかけていった。そこで感じたことはひとつ。この店の女客のオープンさだ。

たとえばいま、マハラジャでナンパ的な行動をとっても、10人中7人から冷たくあしらわれてしまうのが現実だ。裏モノの記事の影響か、一時期、ナンパ師が急増してしまったことへの結果なのだが、とにかく、お高くとまった女が多くてナンパしづらいのだ。

しかしこの店の客は違う。誰に声をかけてもニコニコと話を聞いてくれるし、初っ端から下ネタで仕掛けても嫌がる素振りを見せない。どころか向こうもノリノリでエロ話を繰り出してくるほどだ。

この店とマハラジャとの差はなんなのだろう。初めはナンパが横行してないからなのかとも思ったが、周りを見渡したところ、女を狙ってそうな男たちはあちこちで見受けられるので、この考えは当てはまらない。

結局、理由はよくわからないままながら、ひとつ言えるのは、この店の女客が、六本木にもっと立派なディスコ（マハラジャ）があるにもかかわらず、わざわざ浅草くんだりまでやって来る女たちだということだ。

そこからイメージできるのは、出会いを求めているけど、きらびやかな六本木だと少し気おくれしちゃう奥手な熟女たち。そしてこういうタイプは、性的なことになると得てしてアグレッシブになる場合が多い。妄想が過ぎるだろうか。

女もその気なら展開はあっけない

入店から1時間、俺たちは40後半の人妻2人組をロックオンした。

そこからだらだらと酒を飲みつつ、くだらない会話で盛り上がることさらに1時間、カラオケに行くという名目で彼女たちと店の外へ。そのまま男女一組ずつに分かれ、ラブホにしけ込んだ。

なんだか途中の重要なやり取りを思いっきり省略したような形になったが、実際のところ、これといった出来事がなかったのだからしょうがない。「ねえ、今からカラオケに行こうよ」から「じゃあこのホテルに入ろっか」までの間にまったく駆け引きなどなかったのだから。男もその気、女もその気な場合はさほどにあっけない展開になるものだ。にしても熟女とのセックスは、やっぱり最高だな！

★

翌週も同じ店で別の熟女を難なくゲットできた。これによって俺の心は完全に虜になった。当分の間、浅草に通い続けるつもりだ。

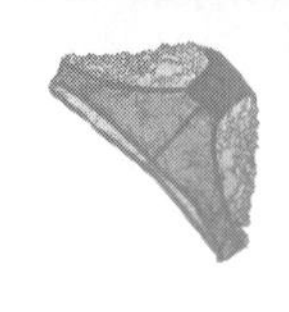

竹内義孝／東京都 30才 ライブチャット監視員

エアクンニじいさん！ライブチャット監視員はあなたのプレイをすべて見ていますよ

私は半年前からアダルトライブチャットを監視する仕事をしている。ご存じの方も多いだろうが、あの画面は運営本部から常に監視されているのだ。

職場のフロアには学校の教室のようにデスクが一方向に何列も並んでおり、各人が備え付けられた3台のモニターを通して24時間体制で監視している。完全に人力頼りの仕事だ。

なぜ、そこまで厳重な監視をするかといえば、配信中に女がマンコを露出しないよう

「裏モノJAPAN」2019年8月号掲載

チェックするためである。

今のご時世、無修正マンコを配信していることがバレれば警察に摘発されることも考えられる。とどのつまり一日中配信を見続ける仕事なわけだ。

入社して数日はずっと勃起するほど興奮していたが、すぐに慣れてしまった。女の裸はどれも似たようなもんだ。

しかし、いまだに慣れないのが男側の映像である。

実は先ほどの説明と同じような厳重さで男も常に監視されている。

こちらは女の場合とは異なり、チンコが映っていても法律上問題はないようで、バンバン無修正のチンコが目に飛び込んでくるのだ。もう、気持ち悪いったらありゃしない。

それを知ってか知らずか、利用する男たちの中にはおかしなオナニーをする連中が多数いるのだ。

紳士的な男には注意が必要

これまでの経験上、男たちの映像には大きく分けて二つの種類がある。

まず、一番多いのがチンコだけを女に見せつけるパターンだ。

自分の顔は出さずに、恥ずかし気もなくシコっているチンコを見てもらっている。監視している側から言わせればかなりキツイ映像だ。なにせドアップで細部まで見せようとするので気分が悪くなる。

さらには音声で女にチンコの感想を言わせている。

「このチンコ見て興奮できる？」

「入ってるところを想像してもいいんだよ？」

などなど、声色から察するに中年のオッサンが多いようだ。

このチン見せ男に共通するのは、もれなく早漏ということだろう。10分ほどで射精を済ませてスグに通話を終わらせてしまうのだ。オナニーだけに特化した遊び方である。

もう一つは、チンコを見せずに上半身のバストアップだけを映しているパターンだ。

こちらは自分に自信がある男に多いようで、顔が整った美形が目立つ。

配信者の女とコミュニケーションをしながら見えていないところでチンコをシゴくわけだ。

それもいきなりエロいポーズを指示したりするのではなく、ゆっくりと紳士的に口説きながら服を脱がせていく。

女からしても時間をかけてくれた分だけ金が稼げるので好都合ってわけだ。

ただし、監視員からすれば一番注意が必要なパターンでもある。

若いイケメンに褒められでもすれば、自然と女のサービスが良くなってしまい、結果的に股をおっぴろげてマンコを見せてしまうことになりかねないのだ。

ジジイが画面越しにマンコを舐める

ここで一番印象に残っている男を紹介するとしよう。

それは入社から数カ月が経ち、男のチンコにも少しづつ見慣れてきたころのことだ。

この日は珍しく昼のシフトで、夜に比べて女の数も少なかった。

昼間の時間帯は男の利用者に高齢者の割合が多く、この日もジジイたちが一生懸命にチンコをシゴイているのを眺めていた。

その中で1人の白髪のオッサンが目に留まった。両手を挙げた状態でカメラに向かってなにやら舌を出しているのだ。

なんじゃこりゃ。気になって画面を拡大してみると、70才は超えているであろう白髪のジジイがペロペロと舌を動かしているのだ。

うげえ、気持ち悪い。

女の方はパンツ姿に股を広げてアンアンと喘いでいる。

どうやら、挙げた手で女の太ももを持ち上げて、舌で舐めている、という設定のようだ。

正確にはエアクンニと呼ぶべきか。

このエアクンニには衝撃を受けた。孫がいてもおかしくない年齢なのに、画面越しに若い女のマンコを無我夢中で舐めているのだから。しかも自分の口でペチャペチャと音まで出している。

さらに驚くべきはその時間の長さだ。このジジイは平気で2時間もエアクンニを続けていたのだ。

うちのサイトは1分ごとに200円かかるので、総額2万4千円。ライブチャットにはこれだけの金を使いたくなる魅力があるのかもしれない。

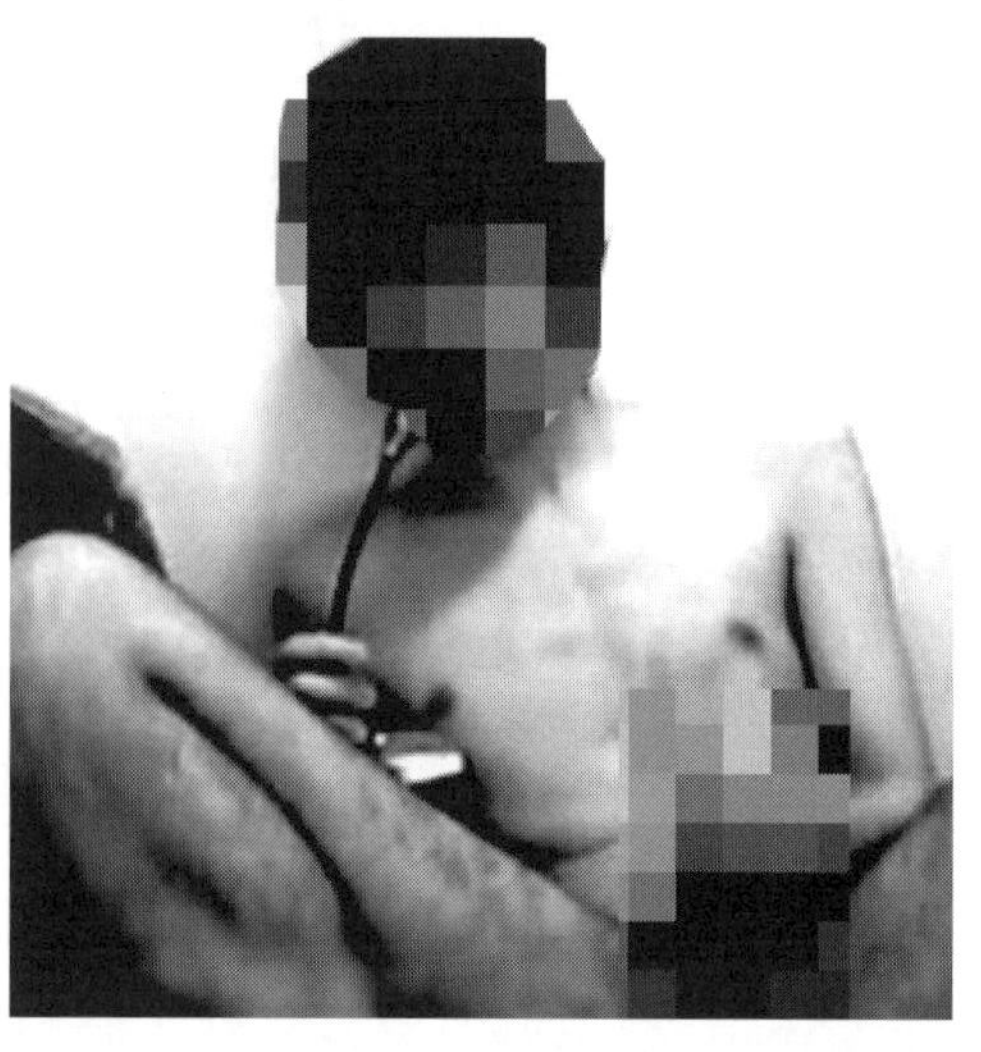

本当にエロい実話Exciting

「裏モノＪＡＰＡＮ」読者投稿傑作選

こども無料デイのスーパー銭湯に現れる変態ロリコンども

高橋亮介／東京都 27才 フリーター

先日、世にもおぞましい奴らを目撃したので、この場を借りて皆さまにご報告したい。

世の中が10連休のゴールデンウィークで浮かれる中、働きづめだった俺は日頃の疲れを癒すためにスーパー銭湯へと足を運んだ。

チケットを買おうと券売機に近づくと、こんな張り紙が。

『本日、こどもの日のため、小学生以下は無料です！』

なるほど、たしかに館内には普段よりも子供連れが目立っている。

「裏モノJAPAN」2019年7月号掲載

問題はここからだ。

デッカイ湯船で身体を伸ばしていると、一組の親子が入ってきた。

父親が連れているのは女の子。といっても幼稚園児くらいの幼い子だ。まあ、それ自体は銭湯に行けばよく目にするので別にたいしたことではない。

俺が驚いたのは一緒の湯船にいたジジイの反応だ。

ハアハアと熱い息を漏らしながら、チラチラとその女児の方を見ているのだ。

最初はのぼせているだけかと思ったのだが、その女児が移動するのに合わせて、ジジイの視線が後をつけている。こいつは間違いなく変質者だ。

なんと、この後も別の女児が入ってくるにつけ、目で後を追いかけている。

さらに驚くべきは、このジジイと同じような行動をとる男が数人いたこと。中には女児の後をつけて湯船を移動する奴らまで現れた。気持ち悪いったらありゃしない。

おそらく小学生が無料になる日はこのような親子が増えることを予想していたのだろう。最低の奴らである。

世のお父様方には、娘は男湯に連れて入らないことを強く言っておきたい。

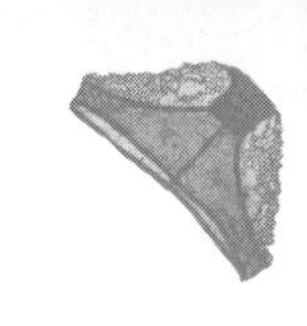

本当にエロい実話Exciting

「裏モノJAPAN」読者投稿傑作選

中田こうたろう／東京都 37才 会社員

『ドMな男性を募集します』Sキャラメッセージを載せる女は、たっぷりイジメてくれるのか？

自他共に認めるドMの私。専属の女王様はいませんが、風俗といえばM性感一択だし、ドSな女性に言葉責めしてもらわないと満足できない変態ブタ野郎です。

大手出会い系サイトを覗いてみると、『ドMな男性募集』というメッセージを載せた自称ドS女性たちを複数みつけることができます。

彼女たちは僕たちM男が求めるようなS女性なのでしょうか？　屈辱的な言葉を浴びせながらイジめたり、顔におしっこをぶっかけたりしてくれるのでしょうか？

「裏モノJAPAN」2019年4月号掲載

ドM男代表として、出会い系でM男を募集している女性たちに実際に会いに行って確かめてみることにしました。

お金を渡すと、態度が一変

1人目の女性は、『ドエスです。Mな人だけ連絡してきて』とぶっきらぼうなメッセージを載せていた19才のお姉さん。

プロフには「鞭、おしっこ、黄金、アナル責め、調教などなんでも対応できます」と、まるでプロの女王様のようなプレイリストが並び、お鼻と口元を隠した顔写真もなかなか可愛い感じ。期待が高まります。

早速、お会いしたい旨をメールしたところ返信がきました。

『メールありがとうヾ(*゜∀゜*)ノ掲示板見てくれたんだね？　ドMな人なのかな？♪会える人だよね？』

『ドMだと思います。もちろん会えますよ。イジメてもらえますか？』

『そうなんだね！ヾ(*゜∀゜*)ノ　優しくリードしてあげるね♪』

その後のやり取りで、ホ別イチゴーの約束でお会いすることになりました。

待ち合わせ当日、目の前に現れたのは、ブタっ鼻の若い女性でした。正直ブスの部類に入るレベルです。

「こうたろうさん？　こんにちは。じゃホテル行きましょ」

こちらの返事を確認しないまま、彼女が歩き出しました。

本当はこんなブスにイチゴーも払いたくないけど、「やっぱりやめます」なんて言う度胸もありません。

ブスでもドSプレイが上手ならいいかと無理やり納得してホテルに入り、約束のお金を渡すと、さっきまで優しかった態度が一変、「じゃ、シャワーを浴びてきて」と、命令口調に変わりました。期待が高まります。

ところが。

「じゃ横になって」

言われるままベッドに横になると、まるで普通のデリヘルのようにフェラが始まり、勃起したチンコにゴムを被せて騎乗位で挿入。言葉責めもアナル責めも一切ないまま、フィニッシュとなりました。

所要時間30分。なんだこりゃ？

「もう終わりでいいよね」

2人目は、『虐められたいMな人いるかな?』と書き込んでいた28才の女性で、プロフでも「ドMな人が好き。それ意外は連絡してこないでね」とM男好きをアピールしていました。

顔写真は、目が大きく輪郭がぼんやりしたアプリ加工丸わかりの美人。メールではプレイ内容に触れることなく、ホ別イチゴーの条件でお会いすることになりました。

待ち合わせ場所に現れたのは、ブスとは言い切れないけれど、ちょっぴりシャクレ顔の女性でした。

「はじめまして〜」

「あ、どうも…」

ハキハキしたしゃべり方に期待が高まりましたが、いざホテルに入ると、「私シャワー浴びて来たから1人でシャワー浴びてね」と促され、浴び終えると即座にプレイになだれ込みました。

結果、ゴムフェラと騎乗位（素股だったかも）の流れで5分後には「早くイッテね〜」

とやる気のない声が聞こえ、ちんちんが萎えたところで「もう終わりでいいよね」と強制的に終了となりました。

3人目は25才の色白美人さんです。

『Sっぽい人は苦手です(＞ε＜) Mな人いませんか？ イジめてあげるよ♪』

メールすると、『本当にMかな？』『どうして自分はMだと思う？』と何度も確認され、ようやくホ別イチゴーの条件で会うことになりました。

いざ待ち合わせ場所に現れたのは写真とは明らかに顔の違う女性でした。別人の写真を使っているようです。

この時点で結果は見えていましたが、やはりお断りする勇気もないのでホテルへ。

予想どおり、こちらの期待するようなプレイは一切ないどころか、簡単なフェラと手コキだけのプレイで(勃たなかったため)、30分ほどで終了となりました。

というわけで、出会い系でM男を募集している女性たちは、断れない性格を突いて時短プレイを仕掛けてくると断言していいと思います。

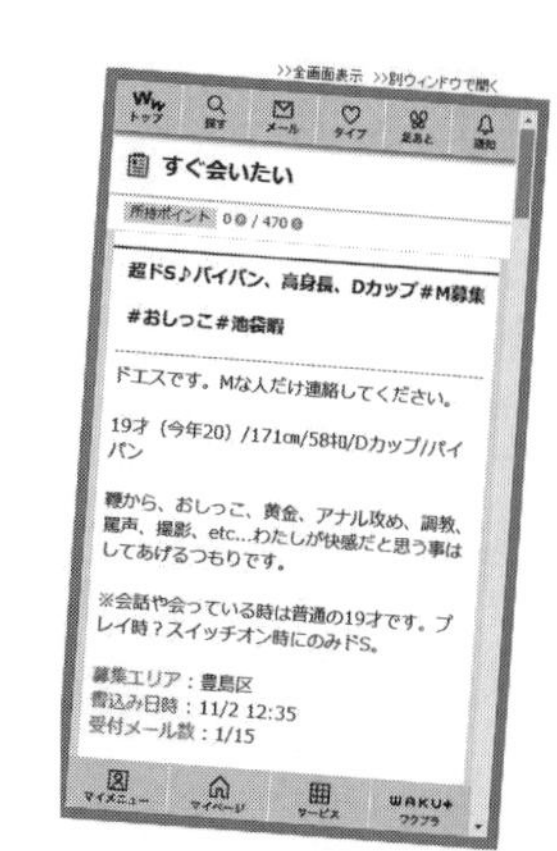

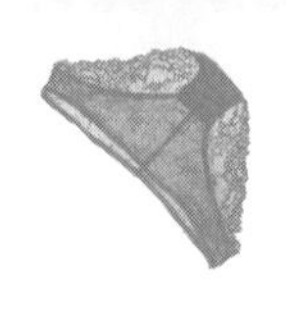

本当にエロい実話Exciting

「裏モノJAPAN」読者投稿傑作選

「そこらの物陰でやっちまうな」泥酔オンナ狙いの強姦連中は「品川」から「大崎」に移動した

黒岩健司／27才 会社員

4月上旬の金曜日、山手線の最終電車に乗っていたのだが、酒のせいで寝てしまい、終点の大崎駅で目が覚めた。

ホームに降りて辺りを見回す。俺と同じように寝過ごした乗客がゾロゾロと重い足取りで改札に向かっている。

どうやって帰ろうかと思案しながら、構内で酔い覚ましに水を飲んでいると、1人のイカツイ男が目に入った。

「裏モノJAPAN」2019年6月号掲載

誰かを待つでもなく、改札を出てくる女たちに順番で声を掛けているのだ。

アイツ何やってんだ？

泥酔女狙いの男が大崎駅に集結

気になったので、その男の行動を眺めていると、少しずつ状況が掴めてきた。

北口改札の外に立ち、そこから出てくる千鳥足のフラついた女にだけ声をかけているのだ。スタスタ歩く女はスルーして、泥酔した女だけを狙っている。もしや泥酔女を持ち帰ろうとしているのでは…。それならば合点がいく。

改札から出てくる女が減ってきたころ、男が俺の方にツカツカと歩いてきた。やばい、見てるのがバレたかも。

「さっきから見てるけど、何か用？」

うう、仕方ない。単刀直入に聞いてみるか。

「あの、もしかして女の子を狙ってるんですか？」

「まあ、そうだけど、なんで？」

あくまで好奇心で見ていたことを告げると、男は笑顔になって言った。

「ふーん。同業ってわけじゃないのね？　それならひと安心だわ」

同業？　てことは他にも泥酔女を狙ってる奴がいるのか？

「まあね、先月から大崎に人が集まってるのよ」

彼の話によると、以前までは山手線内回りの終着である品川駅がそのメッカだったそうな。

しかし、今年3月に行われたＪＲのダイヤ改正により、ここ大崎駅が終着に変更。その影響で泥酔女狙いのナンパ師たちも大崎に集結しているらしい。彼自身もそのうちの1人なんだと。

「かなり群雄割拠でね。それで同業には警戒してたってわけ」

なるほど、そんないきさつがあったか。

五反田への道に落ちてることも

「女も減ってきてヒマだから、案内してやるよ」

そう言われて西口のタクシー乗り場にやってきた。終電から30分近く経ってもまだ行列ができている。

大崎駅は近くに漫画喫茶やカプセルホテルのような宿泊施設がないため、タクシーが激混みらしい。

「それなら、捕まえた女の子は、どこに連れ込むんですか？」

「タクシーがダメなら、そこらの物陰でやっちまうな」

大崎駅の周辺はビジネス街なので、深夜に開いている店も少なく、一本路地を入れば、人通りも全くない。

そのため、建物の陰に入ってしまえば、誰にもバレずにコトを致すことが可能らしい。にわかには信じられない話だ。

「ま、そんなリスクがあることはせずに、五反田のラブホに連れ込む奴が多いんじゃないかな」

大崎から五反田までは徒歩で15分ほど。泥酔女を連れて行くのは面倒だが、背に腹は代えられない。

「実はな、たまに五反田に向かう途中に女が落ちてることがあるんだよ」

タクシーに乗れない女が、五反田で夜を明かすために、大崎から歩く場合があるというのだ。

五反田まで行く道のりで男が声を上げた。

「おい！　見てみろよ！」

なんと、コンビニの前にしゃがみ込んでいる女がいた。地面には吐しゃ物が広がっている。力尽きてしまったみたいだ。

男が女の方に速足で近づき、耳元で声をかけた。

「大丈夫？　調子悪いの？」

女の反応が薄いと見るや、すぐに肩を抱きかかえた。傍からみればカップルが介抱してるようにしか見えない。 

力任せに女を立たせて、五反田方面に歩いていく男。途中で俺の方を向いてニコっと笑って消えていった。

深夜の大崎駅はなんとも恐ろしい現場になっている。近づかないほうが賢明かもしれない。

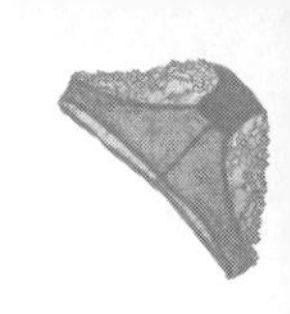

本当にエロい実話Exciting

「裏モノJAPAN」読者投稿傑作選

船場正芳／東京 39才 会社員

肛門から出てきたウンコをパン食い競争のように奪い合う大スカトロ大会の一部始終

今年9月、世にもおぞましいイベントへ行ってきた。

その名も、大スカトロ大会。

ウンコ愛好家の、ウンコ愛好家による、ウンコ愛好家のための歴史ある催しで（今年で15年目だそうな）、ウンコにちっとも愛のない俺には、それこそスカイツリーよりも敷居の高い世界なのだが、湧きあがる好奇心を抑えきれず、つい1万2千円もするチケットを買ってしまったのだ。

「裏モノJAPAN」2018年12月号掲載

というわけで以下、観戦報告を行いたい。この時点で胸がムカムカしている人はどうぞ遠慮なく、ページをかっ飛ばしてくれたまえ。

そろそろ本番だよ。参加希望者は来な！

会場となったのは、新宿・歌舞伎町にある老舗ストリップ小屋「ＤＸ歌舞伎町」だ。受付を済ませ中へ入ると、館内はチョー満員。50席ほどの座席はすべて埋め尽くされてるうえ、立ち見客も20人ほどいる。みな妙にワクワクしている様子が不吉でしょうがない。いったい何が始まるのだろう。

身構えながら始まったイベントは、セクシーコスチューム女子2人組のダンスパフォーマンスで幕を開けた。その後もステージ上では、いろいろな女が入れ替わり立ち替わり登場し、ＳＭ緊縛ショーやオナニープレイ、フィストファックに放尿芸などを披露していく。どれもそれなりに過激ではあるが、この程度なら俺も余裕で楽しめる。

空気が一変したのは、イベントがスタートして2時間ほどが過ぎたあたりだ。ステージに上がった40半ばごろの熟女が客席に呼びかけた。

「そろそろ本番だよ。参加希望者はこっちに来な！」

それを合図に全裸になり、客席から一斉にステージへ流れ込む30人ほどの男たち。そこへ先ほどまでＳＭショーや放尿プレイを披露していた約10名の女パフォーマーたちが合流する。

嫌な予感…。できるだけステージから離れた俺は、固唾を飲んで成り行きを見守った。

オッサン同士がウンコでいがみ合い

「これより大スカトロ大会をスタートします！」という司会者のかけ声で、前かがみの姿勢になった女たちがそろっていきみ出した。まずステージ最前列のポチャ女子の足の間から茶色くて細長い物体がヌーッと伸びてくると、それを皮切りに残りの女子の肛門からもウンコさんが次々と顔を出してくる。

次の瞬間、ショッキングなことが起きた。女子のケツの下で待機していた全裸の男どもがパン食い競争でもするかのように、口をパクパクさせてウンコを奪い始めたのだ。

マジか！

信じられない光景だった。口いっぱいにウンコを頬張り、至福の表情を見せる男。自分のウンコをくわえ、そばにいた男に口移しで分け与える女。あるいは、両手に大量のウンコを抱えて悦に浸る男と、それに対して猛然と不満を表明する男。

「おまえさ、なにひとり占めしてんの？　こっちにも少し渡しなよ」

「は？　やだよ。俺がゲットしたもんだし」

「おい、ふざけんなよ！」

「知るかよ！」

　スカトロジーへの情熱とはこれほどのものなのか。中年のオッサン同士が、たかがウンコを巡って、ここまで公然といがみ合うなんて。

　妙に感心していた折、客席から着衣状態の男がステージに向かって歩き出した。歳は50過ぎ、一見、品の良さそうなポロシャツ姿のそのオヤジが、ステージ上の男のひとりに声をかける。

「申し訳ないけど、僕にもちょっと分けてくれないかな」

「どんくらい？」

「気持ちでいいよ」

　体中ウンコまみれの男が、ゴルフボール大の茶色い物体をつかんで見せた。

「んじゃ、こんくらいでいいかな？」

「十分だよ。ありがとう」

ポロシャツオヤジはもらったウンコをジップロックへしまうと、ニコニコと座席へ戻っていった。

★

悪夢的な光景と激しい悪臭が混然一体となった地獄の時間は、出演者の女たちが肛門に注入した水を一斉に噴射するという意味不明なプレイでフィナーレを迎えた。

驚いたことに、全身クソまみれになった30人の男たちは、紙タオルで体を拭くと、そのまま服を着て帰っていく。

ウンコのニオイをプンプンさせながら新宿の街を歩く彼らに思わず聞いてみた。

「臭いがヤバいですよ。いいんですか?」

「平気平気。俺らには勲章みたいなもんだし」

心底、参った。もはや何も言うことはございません。

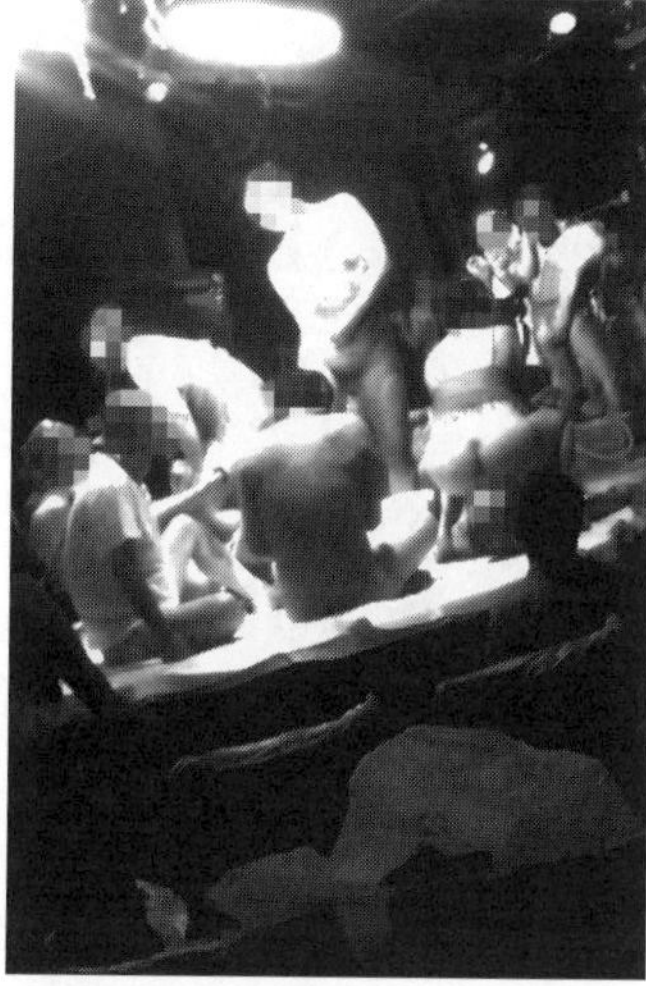

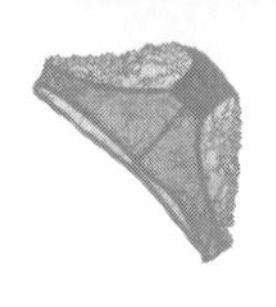

本当にエロい実話Exciting
「裏モノJAPAN」読者投稿傑作選

ベロチュー手マンは当たり前 関西ノゾキマニアたちが集まる京都駅の屋上庭園

リーマン／京都府 28才 会社員

皆さんこんにちは。ノゾキマニアのリーマン、28才です。

最近、京都駅が我々ノゾキたちの間で注目を集めているのをご存知でしょうか？ 駅の屋上に整備された庭園「大空広場」が、カップルたちのイチャつきスポットになっているんです。

辺りが暗くなってくると、若い男女が続々とやってきて、人目も憚らず抱き合ったりキスしたり、そのうち手マンしたり本番までしたりと、どエラい状況になっとります。

「裏モノJAPAN」2019年1月号掲載

正直、ここで紹介すると同好者が集まってしまい現場が荒らされるのがイヤなのですが、裏モノ読者のマニアとしての良識を信じて投稿させていただきます。

夕方の階段はせいぜいキスまで

庭園は、朝6時から深夜11時まで開放されていて、カップルが集まってくるのはやはり日が落ちてからの時間帯です。

まずは庭園に続く駅ビルの大階段。夜7時くらいになると、階段の脇に座り、互いに身体をピッタリ密着させて語り合うカップルたちがポツポツ出てきます。

この時間帯だと、せいぜい抱き合ってキスする程度なので、電話やメールを打つフリをしながら軽く観察し、さらに階段を登っていきましょう。

登り切れば屋上の庭園に到着です。キレイに整備された園内には植木で間仕切りされたベンチが点在し、植木を照らすライティングもムーディーで、なかなか洒落た雰囲気になっています。

ざっと庭園内を回ってみれば、ベンチに座って抱き合ってキスしたり手マンしたりしてるカップルを目撃できますが、やはりここも本格的なプレイに発展するカップルはまだ出てきません。

コンクリエリアでおっぱじめるヤツも

カップルたちのイチャイチャが加速するのは、駅ビルや周囲の店舗が閉店する夜9時を過ぎてから。周りの電気が消えると園内も一気に暗くなり、発情したカップルたちの勢いが増してきます。我々ノゾキマニアにとってもここからが本番です。

大階段のカップルも増えてきて、縦一直線に並んで座り、競い合うようにいちゃつき始めます。立ち止まって凝視するとさすがに中断しますが、通り過ぎながらチラ見する分にはまったく問題なし。周りを気にせずいちゃこき続けてくれるので、一晩で5〜6組のキス、1〜2組の手マンは確実に見れます。

エスカレータ横の小さい階段は死角になっているので、手マンどころか座位で本番しはじめるカップルも出没します。さすがに近づいて凝視すると中断してしまうので、少し距離を保って往復すればいいでしょう。

メインの庭園でも、ベロチューカップルや手マンカップルは簡単に見つかりますが、さすがにベンチの上で本番まで進むカップルはほとんどいません。でも植木で間仕切り

された庭園を外れると、ライトの光がまったく届かない、殺風景なコンクリートエリアが続いていて、若いカップルたちが、奥

の暗がりや空調設備などの影などで、コンクリの地面に座ってこそこそおっぱじめてくれます。

こまめに物陰をチェックしていれば、比較的簡単にセックスカップルに遭遇できると思います。

これはかなりレアなケースですが、このエリアでは変態カップルが露出プレイをすることもあります。

昨年の秋に、庭園エリアから離れた屋上の一番奥の真っ暗なスペースで、立ちバックしてる中年カップルを発見。近づいてみたら男性に手招きされ、間近で鑑賞させてもらうことができました。相方の30才前後と思しき女性がけっこう綺麗だったので、めっちゃ興奮しました。

この時期は、日没が早く涼しくなって虫が減るので、長時間滞在するイチャつきカップルが増えます。ノゾキには絶好のシーズンだと思います。

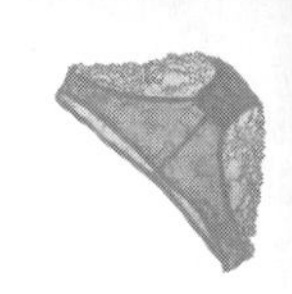

本当にエロい実話Exciting

「裏モノJAPAN」読者投稿傑作選

山口康太／35才 会社員

五反田駅前の喫茶「集」に、ガールズバー面接で集めた子をピンサロに回す連中がいます

「ガールズバーじゃなきゃイヤです」

五反田駅前にある「集」という喫茶店でコーヒーを飲んでた。
時刻は18時過ぎ、店内がスーツ姿の客たちで騒がしくなってきたころ、隣りの席から
こんな会話が聞こえてきた。

「裏モノJAPAN」2019年2月号掲載

いた。

「えー、ガールズバーじゃなきゃイヤです」

「そうかなぁ、でも、こっちの方が稼げると思うよ」

気になったので横目で覗くと、派手な化粧の女とホスト風の男が机を挟んで話をしていた。

なにやら、少々険悪な雰囲気だ。派手女がまくし立てる。

「だって、最初の約束と違うじゃないですか」

どうやら、何かの面接をしているらしい。状況から考えるに、ガールズバーの面接の予定だったのに、別の仕事に回されそうになってるらしい。

そういえば、聞いたことがある。嘘の求人を出して女を面接におびき寄せ、ピンサロやヘルスの仕事を紹介するという業者のことを。

なんとも酷い話だが、女の方も金欠な場合が多いので、止むを得ず了承することもあるそうだ。

まもなく2人は一緒に店を出て行った。この後どうなるんだろう？

涙目のフェラを味わえるかも！

先の出来事があった一週間後。いつものように「集」でコーヒーを飲もうと思い、店内を見回すと見覚えのある男が座っていた。

ホスト風のチャラくて長い髪。間違いない。この前、面接をしていた男だ。

こりゃ、前と同じようなことが起こりそうだ。不審がられないよう注意して、男の横に座る。

数分後、茶髪の派手メイク女が入店した。男が立ちあがって手を振る。今回はこの子が相手らしい。先週、面接していた女よりも美人さんだ。

どんな展開になるのか楽しみだ。注意深く聞いておこう。

派手な風貌とは裏腹に女は緊張しているようで、上ずった声で挨拶した。

「よろしくお願いします」

その後の会話はよく聞こえなかったのだが、なんとまあ、前回と同じこのセリフが聞こえてきたのには驚いた。

「え、ガールズバーじゃないんですか？」

また風俗に回すつもりなのか。こりゃ見ものだ。

しばらくして店を出た2人を尾行してみた。五反田駅東口の繁華街の方向へ10分ほど歩き、雑居ビルの中に入っていく。急いで階数を確認。そこにはピンサロ店が入っていた！　予想どおりだ。

　ということはこのピンサロには、ガールズバーで働くつもりだったのに、口八丁で騙されてフェラ娘にさせられたパターンが他にもあると思われる。なんだか興奮するぞ！

　今後は「集」で面接を確認し、尾行したうえで、その日の体験入店嬢を指名すれば、たどたどしい涙目のフェラを味わえるかも！

第3章

エロ知恵

コロナ時代のおっさん戦法。アプリ内でデュエットしてからリアルカラオケで口説く

田中翔平／神奈川県　40才　会社員

いま現在、最も出会いにつながるSNSはどこかと聞かれたら、私は間違いなくカラオケSNSの「Smule（スムール）」を勧めるでしょう。

このアプリは、スマホの画面に流れる映像に合わせてカラオケを歌い、その様子を撮影し、他のユーザーに公開するというサービスです。

投稿したカラオケ動画に、ユーザー同士が「いいね」や「コメント」を送り合って親睦を深めます。まあ、簡単に言えば素人同士が歌を褒め合う、かなり恥ずかしいアプリ

「裏モノJAPAN」2020年10月号掲載

ってわけです。

ただし、それだけじゃ男女の出会いにもっていくのは難しい。ここで特筆すべきは「デュエット」という機能。

画面越しに相手と同じ曲を歌うのですが、この機能があるだけで簡単に仲良くなれるんです。

それでは、詳しい手順をご紹介しましょう。

うまいかどうかは一切関係ない

まずスマホでアプリをダウンロードしたら、アプリ内で人気のJポップを探しましょう。今だったら瑛人というアーティストの「香水」なんて曲がいいでしょうか。

まあ、人気がある曲の方がたくさんの女が歌ってるし、目につきやすいってだけなので、別になんでもいいです。

曲を決めたら「参加する」という項目をタップ。これでデュエットしたい素人たちがタイムラインに表示されるでしょう。こんな具合です。

『はじめて歌ってみました、よかったら一緒にどぞ』

『声低めの人募集。ハモリ求む』

これらの投稿の中から、女と思しきユーザーのアイコンを探して、参加ボタンをタップ。

画面が切り替わるので、あとは女の声に合わせて、一緒に歌うだけです。

ここでお伝えしたいのが、このアプリの中では、歌がうまいかどうかは一切関係ない、という点です。

都合のいいことに、自動でエフェクトをかけてくれるので、どんだけヘタクソでもそれっぽく加工してくれます。音痴の方でも安心してご利用ください。

歌い終えたら、相手の女にメッセージを送ります。

『○○さんの歌声に聞きほれてデュエットしてしまいました（笑）サビ前の高音がサイコーに上手でした！』

こんな風に、相手の歌を持ち上げる文面を書いて送信しましょう。

ツイッターなどの一般的なＳＮＳでは、女へのＤＭは無視されるのが当たり前ですが、このSmuleではユーザー人口が少ないうえ、自分の歌を聞いてほしいという承認欲求の塊みたいな女ばかりなので、スグに返事が来るはずです。

歌声を褒めてカラオケに誘うのが黄金パターン

　このようにデュエットを経由して仲良くなった女には、友達申請を送ることで、個別にメッセージのやり取りができるようになります。

　ことあるごとにこんなメッセージを送ってみます。

「この新曲めっちゃよくないですか？　ヒマだったら一緒に歌いましょー！」

　つい最近追加された新機能の「ライブジャム」を使えば、リアルタイムでビデオ通話をしながらセッションができます。

　他のユーザーには非公開でデュエットができるので、２人だけの空間です。これで親密になるのは容易でしょう。

　ここまでくれば、あとは良さげなタイミングでこう切り出します。

「ぜひ○○さんの歌声、生で聞いてみたいです。今度カラオケ行きませんかー？」

　はい、これがSmuleにおける伝家の宝刀、歌声を褒めてカラオケに誘う黄金パターンです。

　デュエットの段階でアプリ越しとはいえカラオケ気分を味わっているので、かなりの確率で了承してくれるのです。

私の経験上ですが、30代後半以上の独身女性は、ほぼ100％サシでのカラオケに応じてくれています。カラオケはコロナクラスターの宝庫ですが、2人きりならと安心するのでしょう。

実際、つい先日会えた子は、コロナのせいでテレワークが多く人恋しいと語っていました。どうやらストレスが溜まっていたそうです。今年の夏はフェスやライブも開催されないので、一緒に大声で盛り上がれる人を探している女がウヨウヨいるのです。

いまのところセックスまでは持ち込めてませんけど、このアプリを使い始めてから、定期的にカラオケに行く女性を4人もゲットすることができました。

今度、そのうちの1人とオールでカラオケデートする予定なので、思い切ってホテルに誘ってみたいと思います。

コロナ自粛が続いてる影響でユーザー数も増えているので、これを気にダウンロードしてみてください。

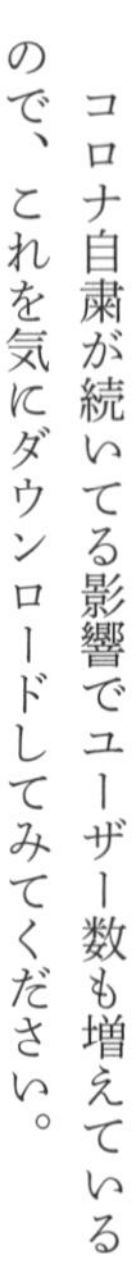

「裏モノＪＡＰＡＮ」読者投稿傑作選　本当にエロい実話Exciting

コロナ休校で暇になったＴｉｋＴｏｋ学生を狙ってナンパする不謹慎な男

松井宗助／東京都 28才 会社員

アソビ仲間の友人がやっているナンパ法を報告させてほしい。

そいつが使っているのは、若者を中心に人気の動画系ＳＮＳの「ＴｉｋＴｏｋ」だ。ここで10代の学生女をゲットしているらしい。いったいどんな方法かと思って聞いてみたら、こんな答えが返ってきた。

「いまさ、新型コロナの影響で学校や専門が休校になってるじゃん？　だからアプリでヒマつぶしをしてる子が多いんだよねー」


「裏モノJAPAN」2020年5月号掲載

なんて不謹慎な野郎だ！　こいつの手法を白日の下に晒してやろうじゃないか。

「休校チャレンジ」が狙い目

そいつによれば、今10代女子と知り合うにはＴｉｋＴｏｋが一番効率的だという。その真偽を確かめるため、実際にアプリをダウンロードしてみた。

このアプリは短い動画を撮影してネット上に公開するという趣旨で、たしかにトップページには年端もいかない女子たちがダンスをしたり、歌ったりしてる動画が上がっている。

どうやって、この中から休校中の若い女を探しているのだろうか。

「ああ、それは楽勝だよ。ハッシュタグで検索して見つけるの！」

ハッシュタグとは「#」から始まる検索ワードのことだ。

「しかも、今なら、休校中の子を見つけやすいハッシュタグがあるんだよ」

なんでも、ＴｉｋＴｏｋの運営会社がお題目として、ハッシュタグを決めていることがあるようで、現在は休校と関連したテーマが増えてるんだとか。

「俺が狙っているのは#休校中の過ごし方ってやつ。ヒマな学生がウヨウヨしてるんだよ」

これらのハッシュタグはトレンドと呼ばれるランキング形式で発表されている。

「他にも#休校チャレンジってのも女が多いハッシュタグだね」

たしかに見てみたら、男女がアップテンポな曲に合わせて踊っていたり、ラジオ配信のように、1人語りをしている様子が映し出された。休校の学生が暇つぶしに動画を投稿しているらしい。これらに関連した動画の数は1千本以上。ものすごい数だ。

「コロナで休校なの？？　ヒマじゃない？」

あとは簡単なメッセージを送るだけとのこと。

例えばこんな風に、「コロナで休校なの？？　ヒマじゃない？」というメッセージを送る。

ＴｉｋＴｏｋは他のＳＮＳと同じようにダイレクトメッセージを送ることができるのだ。

動画を投稿している人のプロフィール画面の右上にある、「…」というマークをタップ。するとメッセージを送信というアイコンが見つかるので、そこから送っているとのこと。

「ＴｉｋＴｏｋのいいところは、ツイッターなんかとちがって、ブロックされずに誰にでもＤＭを送ることができる。だから結果は構わずに送りまくるんだよ」

あとは返事が来たら、ＬＩＮＥのＩＤを交換して通話をしながら仲良くなるそうだ。

これまでもＴｉｋＴｏｋを使って、若い女を狙ったネットナンパをやっていたようだが、ここ数週間で飛躍的に喰いつきがよくなったらしい。

「やっぱりコロナの影響で、ヒマな学生が増えてるんじゃない？　動画の本数も多くなってる気がするし」

また、中でも休校になってから動画のアップロード回数が増えている子を狙っている。普段から動画を上げている人はオッサンからのＤＭに慣れているらしく、慣れていない子の方が反応がいいのとこと。どんだけ用意周到なんだよまったく。

「この手法でラインの交換に成功したのが10人くらい。あと3人と実際に会うところまでいったからね」

さすがに中高生は相手にしないそうだが、専門や予備校生などと遊んでるのだと。

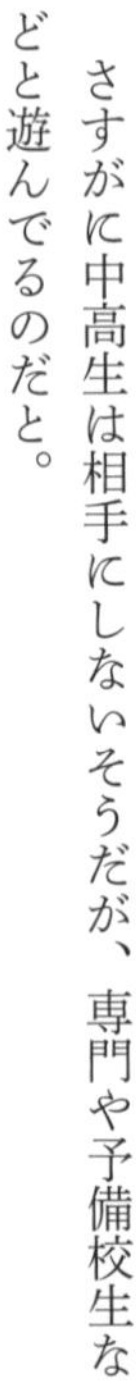

空前の大人気ゲーム「第五人格」で女と出会うために知っておくべき重要なこと

「裏モノJAPAN」読者投稿傑作選　本当にエロい実話Exciting
松下航大／東京都 30才 会社員

スマホのゲームアプリを使って若い女を食いまくっている私が、いま絶対にプレイするべきタイトルをご紹介しましょう。

その名は「ＩＤ entityＶ 第五人格」。略して「第五人格」と呼ばれる中国製のオンラインゲームです。

これが空前の大ブームで、ターミナル駅には大型の広告ポスターが貼られていたり、コンビニで登場キャラクターの「一番くじ」が発売されたりと、まさに人気がうなぎの

「裏モノJAPAN」2020年10月号掲載

ぼりなのです。

新規ユーザーが増えているいまだからこそ、飛び込んできた女をゲットするために、このページを読んで、出会いまでの手順を予習しておきましょう。

盛り上がるのは対戦後の反省会

まず簡単にゲームのシステムをご説明します。

このゲームは4対1の非対称型対戦と呼ばれるジャンルで、味方の4人(サバイバー)が1人の敵(ハンター)から逃げるという内容です。簡単にいってしまえば、バーチャルな鬼ごっこですね。

それぞれが特殊な能力を駆使しながら、鬼に捕まらずに課されるミッションをクリアすれば勝利、という流れです。

その最中、ユーザー同士が協力しながらプレイするので、自然と仲良くなれるわけです。戦っている最中でもチャット機能が使えるので、文字でやり取りしながら勝利を目指します。

このようにチャット機能がゲームの肝なのですが、その中でも盛り上がるのが対戦後に行われるチャットです。

試合の感想や反省を送り合うのですが、ここが女とお近づきになるタイミングでしょう。

まあ、上級者のレベルになると、互いのミスをあげつらって罵詈雑言が飛び交いますが、初心者クラスでは安心です。始めてすぐは同じレベルの人としかマッチしないので、平和に交友を深めることができるのです。

『あそこで助けてもらってありがとうございました～』

『また一緒にマッチしましょ～。ぜひ友達になってください』

などなど。このようにして友達申請をすれば、相手の詳しいプロフィールがわかったり、個別でチャットができるようになります。

いかがでしょうか。これだけでも出会いにつながる要素が多いとわかってもらえるはずです。

ディスコしませんか？　ボイチャしてみたいです

さらに出会いを求めるなら、ゲーマー向け通話アプリの「ディスコード（通称・ディスコ）」を使えば、より効率的に女とやり取りができるでしょう。
ディスコードとは、ゲームをしながらでも音声通話ができるアプリで、かなり重宝されているSNSです。

ゲーマーたちの間では、同じ趣味の人を探したり、一緒にゲームをプレイする相手を探すための必須ツールになっているのです。

ディスコード内には出会いのためのグループ（サーバーと呼ばれる）が多数用意されており、もちろん人気の「第五人格」サーバーも乱立している状況です。

つまり、ディスコード内で女と出会えそうなサーバーに所属し、その中の人たちと通話しながらゲームをプレイすることで、効率的に女とつながれるわけです。

相手を探すには「ディスボード」と「Discordちゃんねる」という二つの募集サイトを経由するのがいいでしょう。

毎日のように新しい相手募集が投稿されているので、定期的にチェックしておくべきです。

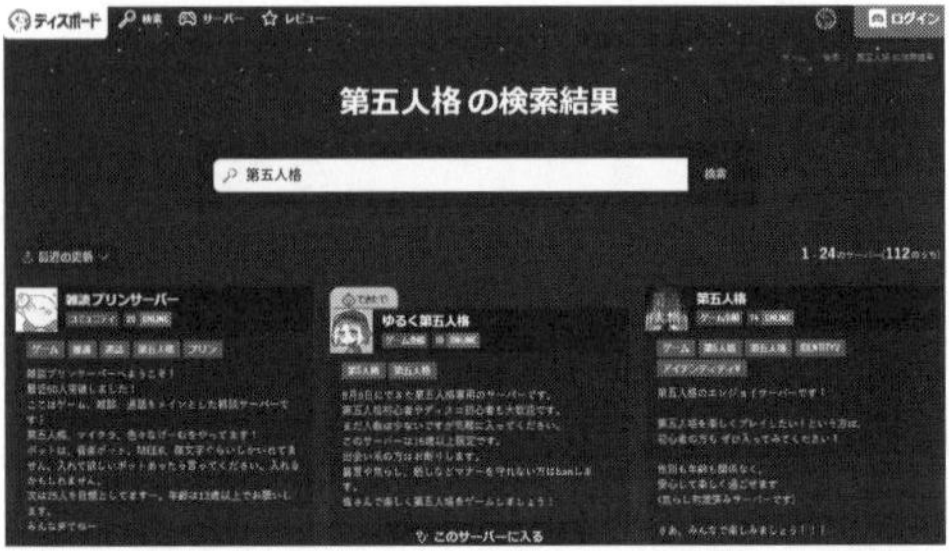

　また、第五人格をプレイしている最中でもディスコードに誘って音声通話するのもいいでしょう。

　対戦後チャットでこう切り出します。

「よかったらディスコしませんか？　ボイチャしてみたいです」

　こういったゲームアプリで女を探すときに一番注意しなくちゃいけないのがネカマの存在。

　文字チャットだけでは確認できないので、音声通話することで、ネカマたち厄介者を排除できるわけです。

　ゲームを介して親しくなってからは、徐々にプライベートの話に移行していってオフ会の名目での出会いを目指しましょう。

　正直に言わせてもらうと、ここから発展するには個々人の力量によるので、明確なアドバイスは難しいです。

　ただ、第五人格の界隈にはヒマな新規女が大量にいるのは間違いありません。失敗しても次に近づく女はすぐ見つかるので、失敗を恐れずグイグイやってみてください。

本当にエロい実話Exciting
「裏モノJAPAN」読者投稿傑作選

健全メンエスで本番するための太ももマッサへの持って行き方はこんなに芸が細かいんです

ラガーマン／大阪府 48才 自営業

先月号の裏モノに『健全メンズエステで本番しまくる男』というマンガが載ってました。俺も関西で色んな店に行きまくる大のメンエスマニアで、大勢の嬢たちと本番しまくってきた男です。

記事で紹介されていた、嬢の股間をタッチしてからの流れは俺も似たようなものですが、その前段階がかなり違う。もっと芸が細かい。

というわけで、俺のノウハウをしゃべらせていただきたいと思います。

「裏モノJAPAN」2020年12月号掲載

くすぐったい、が一番体の状態があかん

いざ個室で嬢と対面したらこの一言です。

「おおっ、アタリや！　かわいい子でよかった〜」

最初にこれぐらいカマしておいて、「リピーター多いやろ？」と振ります。

これに対する嬢の答えが重要で、リピーターが多いと答える子は黙っていてもボーナス的な何かがある場合が多いので、多少強引な攻め方でもＯＫ。少ない子なら、しっかり対応して攻略していきましょう。

施術が始まるまでの時間を使って、自分をアピールしていきます。

「俺、週に3〜4回エステ行くねん。ヤバいやろ？　しかも気に入ったらハマってまうから、同じ嬢ばっかりやねん。今日は急にエステ行きたくなってんけど、その子休みで新規探しにきてん」

太い客になりえるとアピールしておけば、嬢も気に入られようと頑張ってくれます。

シャワーを終えたら、うつ伏せになってマッサージスタート。記事には「嬢を褒めまくれば脚を触らせてくれる」と書いてましたが、大阪ではそんな甘ないです。ついでに

言えば「自分疲れてるやろ？　マッサージしたろか？」も、今どきは警戒する嬢ばかりなのでやめときましょう。

とにかく、まずは嬢に脚をマッサージしてもらう。そこからカマしていきます。

「いつもそのやり方で脚のマッサージしてんの？」

「あ、はい。何か問題ありましたか？」

「いや、問題はないねんけど、すごくオススメのやり方あんねん。めっちゃ気持ちええねんけど、簡単やから覚えとき。ちょっとうつ伏せなって。教えたるから」

ここで嬢にうつ伏せになってもらったら、アキレス腱からふくらはぎの中心に沿って、両手の親指で強めに押しながら手を滑らせていきます。ポイントは強さです。「ちょっと痛いかも…」と言われるぐらいがちょうどいい。

「これで痛いんか。オッケー。マッサージされて、くすぐったいが一番、体の状態があかんねんで。くすぐったいを通り越したら痛いになって、それがイタ気持ちいい、で、気持ちいい！　って変わってくるねん」

これは、この後、嬢の太ももを攻めて「くすぐったい」と言われたときの前フリになっています。

ふくらはぎマッサが終わったら、すぐに交代してベッドに戻ります。すると、嬢が教えたように強めのマッサージをしてくるので、「ああ、ちゃんとできてる！　気持ちええわ」と褒めてあげつつ、「週何回入ってるの？　時間帯は？」などリピートを期待させるトークを入れてアピールしておきます。ここまでおよそ30分。うつ伏せでの仕込みはこれで完了です。

うつ伏せのときの信用がある

「背中のオイル、洗い落とされへんから、なしでええよ」

これで背中のマッサージを飛ばしてもらって仰向けになり、再び脚のマッサージを受けます。

「ああ、そういう感じなんやな。仰向けバージョンも教えとくわ」

一度うつ伏せマッサでエロ行為をしていないので信用があります。嬢に仰向けに寝てもらったら、「こんな感じやねん」などと言いながら、スネの筋肉をこれまた少し強めに押していく。ここからが勝負です。

太ももに移動してマッサージ開始。太もものど真ん中内側くらいを、軽く触ってるように見せながら、「痛い！」と言われるまで、かなり強めの力で押します。

「硬いなー。めっちゃ張ってるやん。可哀想に、じっくりほぐしたるわ！」

徐々に付け根へ移動しながら強く押すのをやめ、性感を高めるマッサージに。

太ももの内側をヌルヌルしてやれば、「くすぐったい」と言われるので、「からだ悪い証拠やな」と、さっき前振りで言った「くすぐったいはあかん」が効いてくるわけです。

「じっくりやったるし、また俺が次来たとき、そのぶん頑張ってな！（ダメ押しのまた来るアピール）」

オマンコ脇の付け根部分を触る直前には、「ごめんな恥ずかしい思うけど、ここほぐしとったらめっちゃ楽になるから」と、マッサージしながらクリに指をチョンチョン当てて攻撃していきます。

これ以降は、裏モノさんの記事の通りでも構いませんし、自分なりのやり方でクリ攻めしたり指を突っ込んだりしてみてください。

ゴールできることを願ってます。ご清聴ありがとうございました。

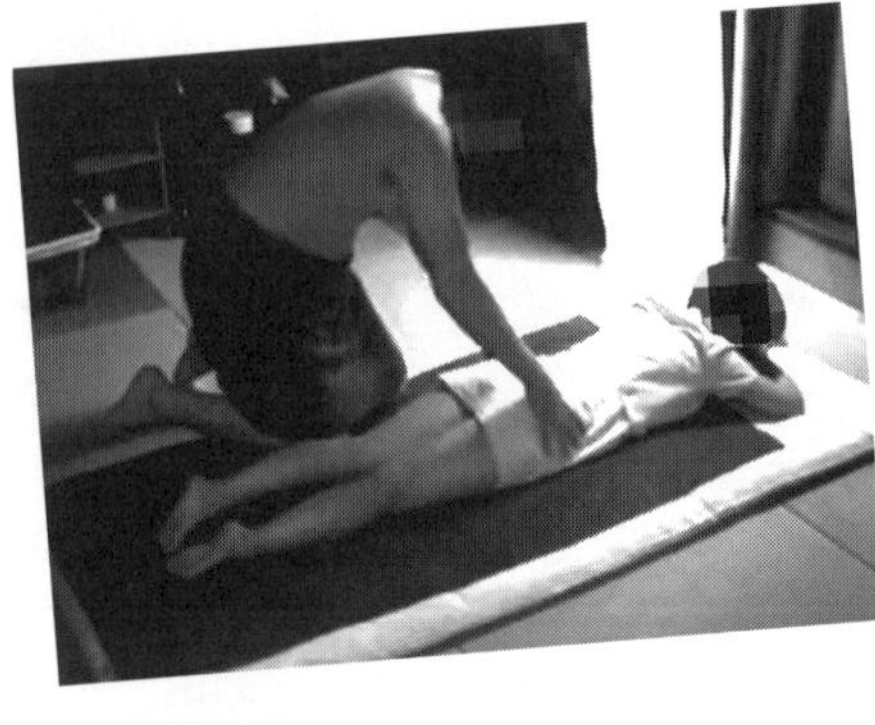

「裏モノJAPAN」読者投稿傑作選　本当にエロい実話Exciting

三ノ輪と蔵前のタクシー行列で出勤ソープ嬢の素顔を見てから名刺をいただいて指名する作戦

佐藤賢一／32才 会社員

日本一のソープ街として有名な吉原ですが、この街で好みの嬢を引き当てるのはかなり難しいですよね。

指名写真のパネマジは当たり前だし、吉原年齢と呼ばれる謎のサバ読みシステム（24才と書いてあれば実際は30才前後）もあったりして困りものです。

ネットの口コミだけじゃ心もとないので、結局、何店舗も渡り歩いて自分の力でオキニ嬢を見つけるしかありません。

「裏モノJAPAN」2021年1月号掲載

しかし、そんなモヤモヤを抱えていたある日。

吉原でビミョーな嬢に当たった帰り道に、偶然乗ったタクシーの運ちゃんから聞いた話が、好みの嬢を探す参考になったので、この場を借りて紹介します。

「女の子が列になってるんだよ」

タクシーの車内で、60才過ぎのオッサン運ちゃんがこんなことを言い出しました。

「私、この周辺を流すことが多いので、嬢の方を乗せることも多いんですよね」

「はあ、そうですか」

「ええ、夜は自宅までですけど、夕方は駅からお店までお送りするんですよ」

一度でも訪れたことがある方ならご存じでしょうが、吉原って交通の便が悪い、陸の孤島なんです。最寄駅の東京メトロ日比谷線の三ノ輪駅からでも、徒歩で10分以上かかります。

そのため、出勤する嬢は駅からタクシーを使うことが多いんだとか。

「へー。面白いですね。どの駅から乗せるんですか？」

「そうだねえ。だいたい上野か、三ノ輪、あと蔵前あたりだね」

ふーん。場所が決まってるのか。

「特に面白いのは三ノ輪と蔵前だね。朝の7時くらいになると出勤するために女の子が列になってるんだよ」

上野駅は一般の乗客も多いが、乗降客の少ない駅ではソープ嬢がかなり目立ってるんだとか。

特に早朝ソープに出勤する嬢は、どの店も同じ開店時間なので、地下鉄の出口周辺が混雑するそうな。

てことは、その場所に行けば生のソープ嬢に会えるんじゃ？

その中のめぼしい子から、源氏名と店名を聞き出すことができれば、騙されることなく美人嬢とプレイできるってことです。

これは素晴らしい発見。さっそく早朝の駅に行ってみることにしましょう。

派手なソープ嬢たちがズラっと並んでる！

週末の朝7時。都営大江戸線の蔵前駅を訪れることにしました。

ビジネス街なので平日は混んでるようですが、週末なので人通りもなくガランとしています。

地下鉄の出口を出て吉原方面へ向かう車線に目をやると、たしかにそれっぽい派手な服装の女性が、歩道に何人か目につきます。

近づいて様子をうかがっていたら、どの女性もタクシーを拾って同じ方向に移動するではありませんか！　彼女たちこそソープ嬢に違いありません。

階段を上ってくるマスク姿のスレンダー女性がいたので声をかけてみます。この人もそれっぽい雰囲気があります。

「いきなりすみません。これから吉原で出勤ですか？」

急に怪訝な表情になる彼女。

「はい？　どういう意味ですか？」

「えーと、もし吉原で働いてたら源氏名とか教えてもらいたいなーと思いまして…」

「いや、迷惑なんで…。すみません」

思いっきりフラれてしまった！

俺の話をさえぎって、タクシーを拾って吉原方面に行ってしまった。やっぱり彼女もソープ嬢だったみたいです。

まあ、普通に考えていきなり声をかけたら気持ち悪いもんな。ここは最初から全部目的をぶっちゃけた方がいいかもしれません。

　その後、ソープ嬢らしき美人女性が地下鉄から降りて出てくるたび声をかけてみました。

　スカウトや引き抜きを疑われたりもしながら、声をかけ続けること5人目。

「おねえさん。もしかして吉原で働いてる方ですよね。すごいタイプなんで絶対指名するんで、源氏名を教えてくれませんか？」

　こう声をかけたところ、スレンダー巨乳の女性が立ち止まってくれました。

「え？　こんなところで声をかけられると困りますよ」

「お願いします。名刺をもらえないでしょうか？　絶対指名するので！」

　強く引き止めた結果、多少の押し問答の末、名刺をもらうことができました。よっし

や！！

数日後、実際に店を訪れて、タイプの嬢と濃厚なプレイを楽しみました。

だいたい名刺をもらえる割合は3割くらい。丁重にお願いすれば名刺をくれることが多かったです。

三ノ輪駅でも試してみましたが、同じようなタクシー待ち状況がありましたので、ぜひ参考にしてみてください。

「パピプペポって言ってみて」女にさんざんしゃべらせた後のフェイスシールドをいただく

「裏モノJAPAN」読者投稿傑作選 本当にエロい実話Exciting

山下哲郎／42才 飲食業

飲食店に長年勤務している俺だが、今回のコロナ騒動により、収入はこれまでの半分に。なにより、勤務中のお楽しみである、女客の使用済みフォークやスプーンを舐めるという変態行為がなかなかできなくなったのが痛い。

そのため、コロナ当初はヒマと性欲を持て余し、ずいぶんと息苦しい思いをしていた。が、今は違う。このコロナ禍での生活に潤いを与えてくれる、楽しいお遊びを発見したおかげだ。

「裏モノJAPAN」2020年11月号掲載

「お互い不安だから、これつけようか」

初夏。ランチのみでの時短営業を余儀なくされ、仕方なく夕焼けの街を行く当てもなく彷徨っていたところ、100均の店頭のフェイスシールドがチラっと視界をかすめた。頭の中の豆電球がパッと光ったのはまさにこのタイミングだ。

うーむ。なるほどなるほど。これはもしかしたら面白いことになるぞ。

俺はすぐさまフェイスシールドを2つ購入し、ワリキリ女とアポることに。

コロナ不景気はエンコー界隈にも出ているのか、ホ別2（もちろんそんな金はない）で提案すると、自称19才の若い女でもすぐさま飛びついてきた。ま、2万もらえるなら当然か。

指定した場所にマスク姿の女が現れた。ふむふむ、スレンダーでかなりカワイイっぽいぞ。このままホテルに直行したいところだが、そんな金はもちろんない。俺の目的は別のところにあるのだ。

「10分ほど喫茶店でお茶でもしませんか？」

女に提案したところ、軽く怪訝な目をされたが、プレイの前に人となりを知りたいとテキトーなウソをついたところ、あっさり了承してくれた。よしよし。楽勝すぎ！

喫茶店に入店したところで、今回の主役のフェイスシールドのお出ました。

「お互い不安だから、これつけようか」

ワリキリ女といえどやはり人間。未知なる病原菌にはさすがに抵抗があるようで、簡単に付けてもらえることに。

「あ、その代わり、マスクは外していいよ。そのほうがしゃべりやすいでしょ？」

危ない危ない、これを言っとかないと意味がなくなってしまう。


「パピプペポって言ってみてよ」


さあ、ここから重要なのは、とにかく女に存分に話させることだ。普段の生活から過去の生い立ちまで、しょーもない話にも大げさにあいづちを打って、舌をなめらかにさせてやる。女ってのは、聞く人がいればいつまでもしゃべるもんだ。

「てか、声めっちゃキレイだね。パピプペポって言ってみてよ」

「え〜、なんでですか〜？」

女は戸惑いながらも、俺の要求通り発音する。よしよし、舌が立っていてイイ感じだ。

これはもうちょいリクエストできるんじゃないか。

「最近、街中じゃ咳払いもできないよね。でもたまにやると喉の調子が良くなるらしいよ。一緒にゴホゴホしない？」

「なにそれ〜、意味わかんな〜い」

うーん、さすがにこれは不自然すぎたかな、残念。

てな具合に、ワリキリのことを忘れたような勢いで、20分ほど語らせたところで任務は完了。

席を立つときにフェイスシールドを回収し、会計を済ませたところで、「やっぱやめとくわ」

あっけにとられる女をヨソ

に、そのままデパートのトイレへ駆け込み、バッグに手を突っ込む。長い会話とパピプペポ作戦のおかげで女の飛沫が飛び交ったフェイスシールドの登場だ。

つい5分前まで一緒にいた女のイヤラしい姿を思い浮かべると同時に、シールドの内側の匂いを存分に楽しみ、そして舐める。女のDNAを摂取しながらチンコをコスっていると、またたく間に体の奥から怒涛の射精感が押し寄せる。うぅっ、ごっつぁんです！

しかし、こんなことしてて、コロナにかかったりしないだろな、俺。

「裏モノＪＡＰＡＮ」読者投稿傑作選　本当にエロい実話Exciting

田舎にオナクラはありません。生オカズにするのはツイッターのオナサポ女子です

鹿児島のオナニスト／鹿児島県　43才　オナニスト

皆様こんにちは、鹿児島のオナニストです。男には安くサクっとヌキたいときがありますよね。でも、私の住む田舎には「オナクラ」みたいなお手軽風俗がないので困ってしまいます。

そんな田舎住まいの皆さんに朗報です。スマホさえあれば、いつでもどこでもオナクラ気分を味わえる方法を見つけたので、報告したいと思います。

「裏モノJAPAN」2020年9月号掲載

通話1分につき500円程度

まずはツイッターのアカウントを用意してください。適当なメアドがあれば3分ぐらいで作成できるはずです。

自分のアカウントができたら、検索窓に以下の言葉でハッシュタグ検索をかけます。

「#貢ぎ奴隷」

「#財布奴隷」

「# atm 奴隷」

「#射精管理」

いかがでしょうか。なんだかスケベなことばかり書いてる女性たちが、わんさか出てきませんか？　自分のエロ写真も載せたりして、しかもすごい美人さんが多いですよね。

彼女たちは、我々M男たちのオナサポ（オナニーサポート）をしてくれる代わりにお金をせびってくる素人の女の子たちです。中にはSMの女王様みたいなセミプロ嬢もいますが、ほとんどが普通の女の子です。

この中からお好みの女の子を物色していきます。写真を載せてる子がほとんどなので、見た目で選んでいけばいいでしょう。

いざオナサポして欲しい女の子が決まれば、ダイレクトメールで交渉開始です。

『5分間、おっぱい触ってるとこをビデオ通話で見せて下さい。PayPay 3千円でお願いいたします』

金額の相場は、ビデオ通話1分につき500円程度です。支払いは「PayPay」か「アマギフ（amazon ギフトカード）」か「ググカ（google play カード）」で取り引きするのが基本です。

私の場合は、後払い交渉して（10万円程度の残高写真を見せてその気にさせる）、最後はバックレてタダにすることもありますが、先払いじゃなきゃダメっていう子には払います。

腕立て伏せしながら、チンポ突っ込んでろよ

交渉が済めば、オナサポの開始です。実際のプレイはカカオトークなどのチャットアプリを使うパターンが多いので、あらかじめスマホに入れておくといいでしょう。

『じゃ、今から5分間だけね。おっぱい見える？』

『はい、見えてます。ああ、すごくキレイな乳首です。もうチンポがビンビンです』

途中で『お金を追加しますからマンコもお願いします』などと交渉して相互オナニーに発展することもありますが、基本的には、こちらはM男という立場なので、女の子の気分次第で内容が変わっていきます。

『その綺麗なオマンコに、ギンギンに勃起したチンポを入れたいです』

『なに図々しいこと言ってんの？　オマエは腕立て伏せしながら、そのオナホにチンポ突っ込んでろよ』

女の子によっては、こんな感じで上手に言葉攻めし

ほーら 人妻のおっぱいですよー
変態くんを椅子に縛り付けてこの胸で一方的に搾り取ってあげますね
泣いても叫んでもやめませんから
あ、もちろんお財布も搾り取りますからね？
ふふ こんなイメプやオナ指示でお貢射精したい子はDMかいいねください

久しぶり♡
惨めにされればされるほど興奮するって理解できない（笑）

てくる子もいれば、

『え、どうしたらいいですか？　え、指で拡げるんですか？　えーそれはちょっと恥ずかしいです…』みたいな素人っぽいタイプ、動画は無理なので声だけパターンだけど、アニメ声の超ロリ声ちゃんなどなど、いろんなタイプの子がいて、本当に飽きません。

さらに、スマホのスクリーンレコーダーアプリや録音アプリを使えば、動画や音声を保存できるので、後々のズリネタにも転用できてコスパは悪くないと思います。

コロナのせいか、お金目的の可愛い若い女の子たちが、毎日のように参入してきています。試してみれば一発でハマると思いますよ。

「裏モノJAPAN」読者投稿傑作選 本当にエロい実話Exciting

フーゾク嬢を全肯定して本番率をアップさせる究極のセリフが判明しました

近藤秀一／埼玉県 46才 会社員

恋愛の心理学みたいなものに、「とにかく相手を肯定してあげる」という作戦があります。

誰だって自分を肯定してくれる人には好印象を持つもの。こいつを風俗嬢に応用して、本番してやろうとか、サービスをよくしようと考える人は多いと思います。

というわけで、私も風俗に行くたびに、女の子たちを認めてやってきたわけですが、「キミは完璧な人だ」なんて肯定の仕方ではまったく響きません。「コイツ、風俗嬢に何言

「裏モノJAPAN」2020年4月号掲載

ってんだ？」みたいな感じでしょうか。

また、最大の肯定と言われる「キミのような人間になりたい」というセリフも、風俗嬢に対して使うのはやはり変です。

で、私、ついに「正解」にたどり着きました。その答えがコチラです。

「ウチの娘も、キミみたいな子に育てたいな〜」

いかがでしょう。自分の娘をあなたみたいな女にしたい。これ以上の全肯定があるでしょうか。

実際に、地元のデリヘルで実験したら、こんな感じになりました。

フリーで入ったデリヘル嬢がホテルに入ってきたところで、まずはジャブ的な褒めワードを。

「あれ、なんかお姉さん、ハキハキしてていいね」

「ありがとうございます〜」

そしてプレイが始まる前の雑談タイムで本丸をカマします。

「なんか変なこと言うみたいだけどさ、俺小学生の娘がいるんだけど、キミみたいな子に育てたいなー」

「え〜アハハ、本気ですか〜？」

冗談っぽい軽いトークのような感じではあるけど、これが刺さるんです。

厳密に比較はできませんが、本番率がわずかにアップしたのは事実です。皆さんもぜひお試しください。

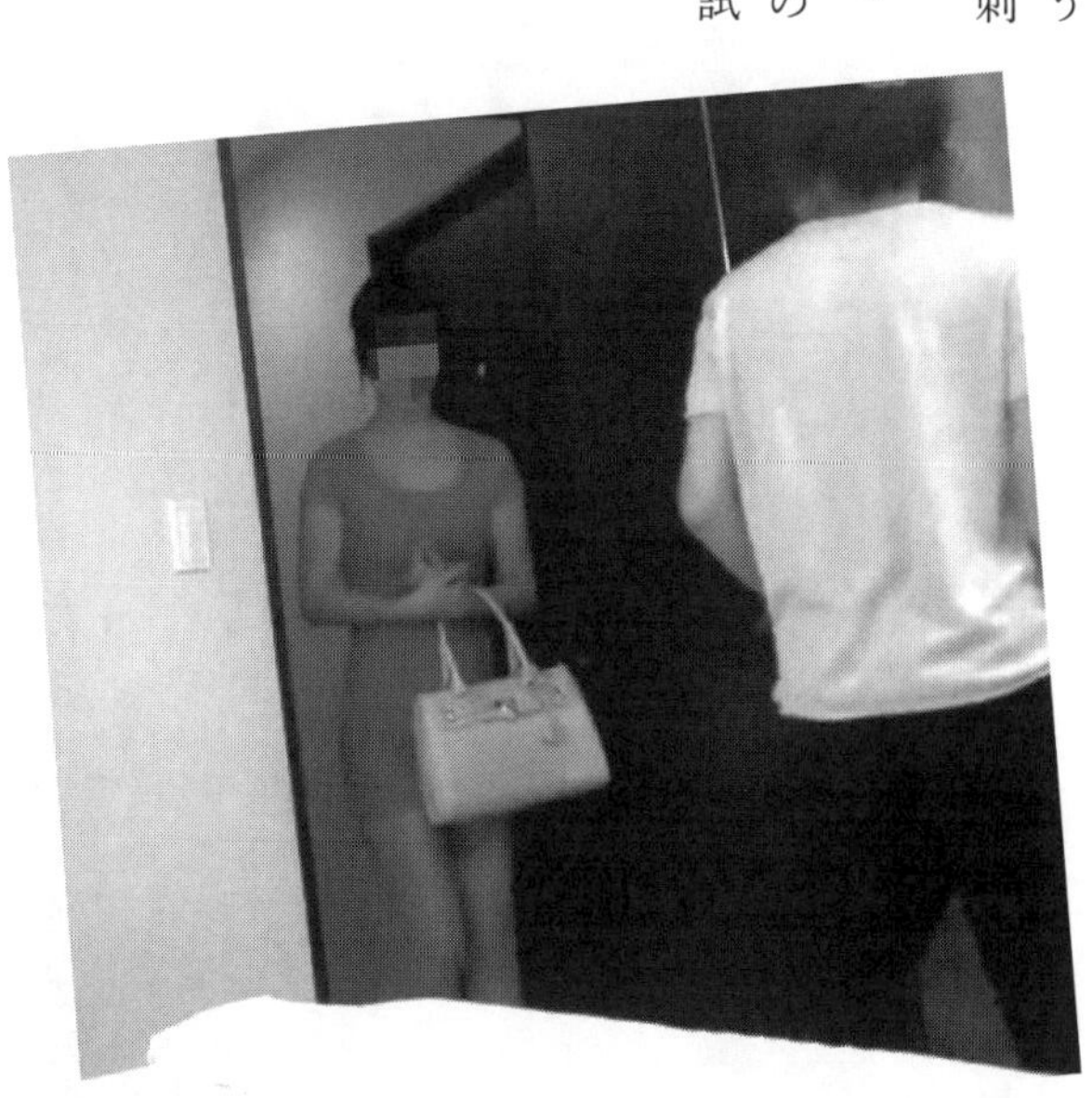

本当にエロい実話Exciting
「裏モノJAPAN」読者投稿傑作選

『隣に上司がいるので声が出せません』オデブおばちゃんが編み出した客が増えるエンコー設定

山崎亜子／大阪府 50才 フーゾク嬢

はじめまして。50才のバツイチ女性です。借金返済のため、熟女フーゾク店で働くかたわら、同時にエンコー活動もやっています。

最初に言っておくと、私はオデブ体型で、ルックスもパッとしません。なので以前まではは、お店でもエンコーでも思ったように稼ぐことができませんでした。

エンコーに関して言えば、募集を毎日出しても4日で客がひとりつくかどうかかという有り様です。

「裏モノJAPAN」2020年3月号掲載

しかし、フーゾク店での稼ぎを増やすのは難しくても、出会い系で客を集めるエンコーだったら自分の努力次第で何とか改善できるはず。募集文やプロフィールに工夫を加えることで、ルックスのハンデを補えるのではと考えたのです。

そして試行錯誤を繰り返した結果、ついに画期的な方法を編み出しました。見た目に難のあるこんな私でも、1日に2人以上の客をゲットできるようになったのです。

密会の要素を加えてエッチ濃度を倍増

その方法とはずばり、この募集文のことです。

『東京から出張で大坂に来てます。45才の既婚会社員です。おばさんで、お願い付き(※エンコーの意味）ですが、どなたか私の相手をしてくれませんか？　現在、大阪のビジネスホテルに滞在中なので部屋代はかかりませんが、隣の部屋に上司がいるのであまり声は出せません』

ポイントは大きく2つ。まずは何といってもエッチなシチュエーションでしょう。出張中にワリキリをしようという人妻会社員。しかも隣りの部屋に上司が滞在しているという、さらなるウソ設定によって密会の要素も加わり、エッチ濃度が倍増するわけです。

ちなみに、この募集文の設定は自分で考えたアイディアではありません。以前、私の参加するＬＩＮＥのぐるちゃで、ある男性メンバーが不倫相手に会いに行った様子を実況していたのですが、そのとき彼が置かれていたシチュエーションを丸パクしたのです。とにかく他の男性メンバーがめっちゃ盛り上がっていたので、これは使えるぞと。

さて、２つ目のポイントは、客にとってホテル代がかからないことです。ホテル代はもちろん私の負担ですが、ビジネスホテルのシングルルームは、デイユースなら６時間の利用で３千円ちょっとで済みます。これで客を安定的にゲットできるのであれば安いものです。

さらに客とホテルの部屋で待ち合わせをするというこの流れは、想定外のメリットも生みました。ドタキャンがほとんどなくなったのです。

いったん密室に入ってしまうと、キャンセルを切り出しづらい。どうも客にとっては、そういった心理が強く働くようです。

「上司にバレたら私の人生終わりだよ」

プレイ中のことにも触れておきましょう。

やはり特殊な（ウソの）シチュエーションに惹かれるだけあり、やって来る客もそういった状況に沿ったプレイをしたがります。

「出張先でエンコーだなんてエロいよね。仕事は何系やってんの？　上司ってどんな人？」

多いのは、こんな風に私から詳細な情報を聞き出し、さらに妄想を膨らませて楽しもうとするパターンですが、中にはもっとアグレッシブな人たちも。

隣室にいる（空想上の）上司に聞こえそうな大声を出し、私を困らせて喜ぶ客が意外と多いのです。

「俺の声を聞かれたらヤバいっしょ。上司が心配して部屋のドアをノックしてきたらどうする？」

こういう場合は、相手にとことん付き合ってあげます。

「ちょっとやめてよー。上司にバレたら私の人生、終わりだよ。最悪、離婚になったら責任取ってくれるの？」

客はもちろん大喜びです。

また、この手のタイプはプレイに突入しても、私に大きな喘ぎ声を出させようと張り切るもの。なのでこの場合も、相手のお望みどおりの反応を披露します。

「ダメダメ！　気持ち良すぎて大声が出ちゃう！　お願いもう許して！」

臨機応変に演じるのは何かと大変ですが、客は満足だし、私も儲かる。まさにウィン・ウィンといったところでしょうか。

★

この手法の最大の欠点は、多用すると設定のウソが出会い系ユーザーにバレちゃうことです。実際、客のゲット率はここ最近、急落しているので、そろそろ潮時なのかもしれません。これに替わるイイ手法を考えたら、また投稿させていただきます！

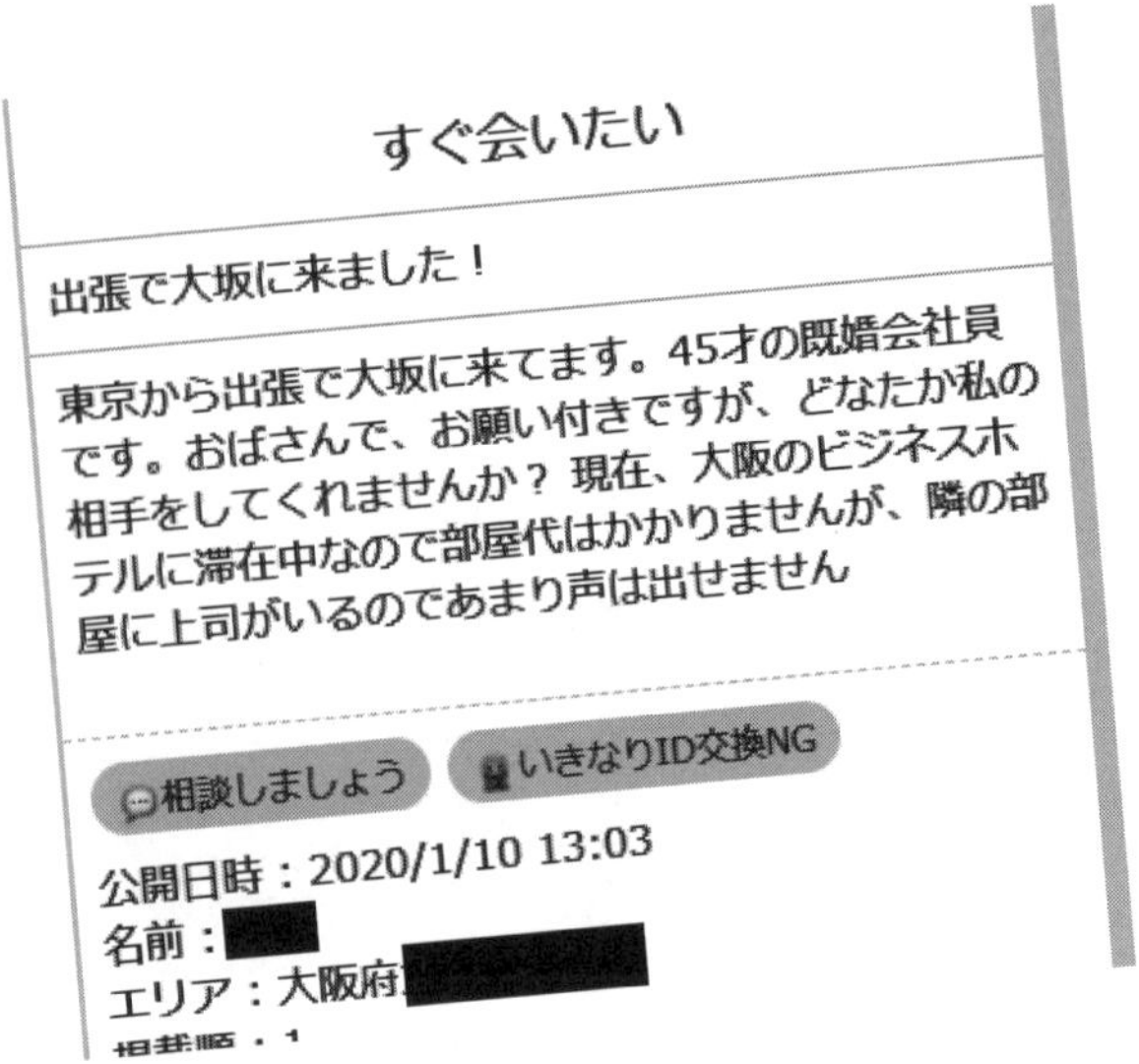

すぐ会いたい

出張で大坂に来ました！

東京から出張で大坂に来てます。45才の既婚会社員です。おばさんで、お願い付きですが、どなたか私の相手をしてくれませんか？現在、大阪のビジネスホテルに滞在中なので部屋代はかかりませんが、隣の部屋に上司がいるのであまり声は出せません

相談しましょう　いきなりID交換NG

公開日時：2020/1/10 13:03
名前：
エリア：大阪府

「裏モノJAPAN」読者投稿傑作選　本当にエロい実話Exciting

無名企業のしがない俺が「マッチャー」で人事のプロになりきって就活女子大生をがっつりハメてます

鈴木せいや（仮名）／東京都 32才 会社員

先月の裏モノの特集で「マッチャー」というアプリが紹介されていたが、何を隠そう、俺もこのアプリを使ってオイシイ思いをしている1人だ。

マッチャーは、新卒採用を控えた大学生たちが就職相談のために社会人とマッチングするためのアプリ。

例えば、商社に就職したい大学生ならば、商社業界はどんな仕事をするのか、面接でどんなことを聞かれるのか、などの疑問を実際に商社で働いている社員から、ランチや

「裏モノJAPAN」2020年1月号掲載

お茶をしながら聞くことができる。

裏モノの記事では、女子大生と1時間ほど話すだけで十分満足、エロいことをせずともかなり楽しい、などと紹介されていたが、ここだけの話、俺はこのアプリを使って女子大生と何度かセックスに至っている。その一部始終をレポートしたい。

相手も知らないから問題はない

マッチャー内の就活生に人気の社会人は、大手広告代理店や、誰もが知る大企業で働くサラリーマンたちだ。多い人だと年間100人以上の大学生から「会って話を聞きたい」とリクエストが入るようだが、無名大学卒、無名企業の営業職5年目のサラリーマンである俺は、まったく違った戦略を使い、1年で30人以上の女子大生と会うことに成功している。

俺が考えたのは、「人事部所属の就活対策のプロ」というプロフィールだ。マッチャー内では『人事のプロが面接のコツを教えます』などと書いているOBが一番人気なので乗っかっただけ。

結果は大成功。最初の1カ月で3人の女子大生からリクエストが届いた。

人事部の仕事なんて知らないが、相手の女子大生も知らないんだから問題はない。こんなしがないサラリーマンに対しても「人事のプロ」として先生のように接してくるんだから驚きだ。

日々の業務のことを話すだけで、

「社会人ってやっぱりすごいんですね」

「さすが千人以上面接してきた人は違いますね」

と、羨望の眼差しを向けられる。

ポイントは、最初は無条件で大学生からのリクエストを受け付け、レビューの件数を稼ぐことだろう。社会人と会うことに抵抗のある女子大生でも、レビューがついていれば「この人なら会っても問題ない」「有益な情報が聞ける」と思ってくれるからだ。俺の場合、10人以上会ったところでレビュー数が5件ほどに増え、同時に女子大生からのリクエストも多く入るようになった。

「何かうまくいってないことない？」

俺が最初にセックスできたのは、東海地方の女子大に通う、ももクロ百田夏菜子似の大学3年生だ。

彼女と最初に会ったのはチェーンのカフェ。他愛もない人事の仕事の話を一時間ほど話しただけだったのだが、彼女のような地方在住の学生の場合、極端に就活の情報が少ないため、こちらをかなり頼ってくる。面談を終えて彼女から言われたのがこんなセリフだ。

「もしご迷惑じゃなければ、エントリーシートとかも今後見てほしいんですけど…」

そう言われたら「連絡取りやすい手段って何？　ＬＩＮＥでもいい？」と聞けばあっさり交換できる。それ以降は、こまめにＬＩＮＥや電話でやりとりすることで、就活の話だけじゃなく、バイトや恋愛相談など「なんでも聞いてくれるお兄ちゃん」のような立場になっていく。

「なんだか、エントリーシートの内容に中身がないんだよね。就活に集中できてないのかも。もしかして、就活以外に何かうまくいってないことない？」

「あ…実は最近彼氏と別れて、実家でも親とうまくいってなくて…」

「やっぱりそうか。そういうエピソードも就活のエントリーシートで書けるネタかも知れないから聞かせて」

こうして彼女たちのプライベートの話を聞き出しておけば、「今度仕事終わりでもよければ相談乗るよ。再来週とかどう？」と提案しても不自然ではない。

実際、百田夏菜子似ちゃんと新宿の居酒屋で飲んだときは、ほぼ就活の相談ではなく恋愛相談がメインだった。そこで性欲はないアピールをすると、より警戒心は薄れる。

「30代になると性欲とかなくなって、添い寝してるだけで幸せな気持ちになるんだよね」

「私もハグ好きですよ！　わかります！」

こんな感じで「大人の余裕」を醸し出しておけば正直ちょろい。

その後「面接のときのホテル代って馬鹿にならないよ」などと前フリしておき、面接で東京に来るたびに俺の部屋に泊めてあげ、女子大生セフレとして21才の身体を思う存分堪能させてもらっている。

とはいえ、俺が30人以上会った中でセックスに至れたのは3人だけ。確率的にはかなり低いと言えるが、数打てば当たるとも言える。ぜひ参考にしてみてほしい。

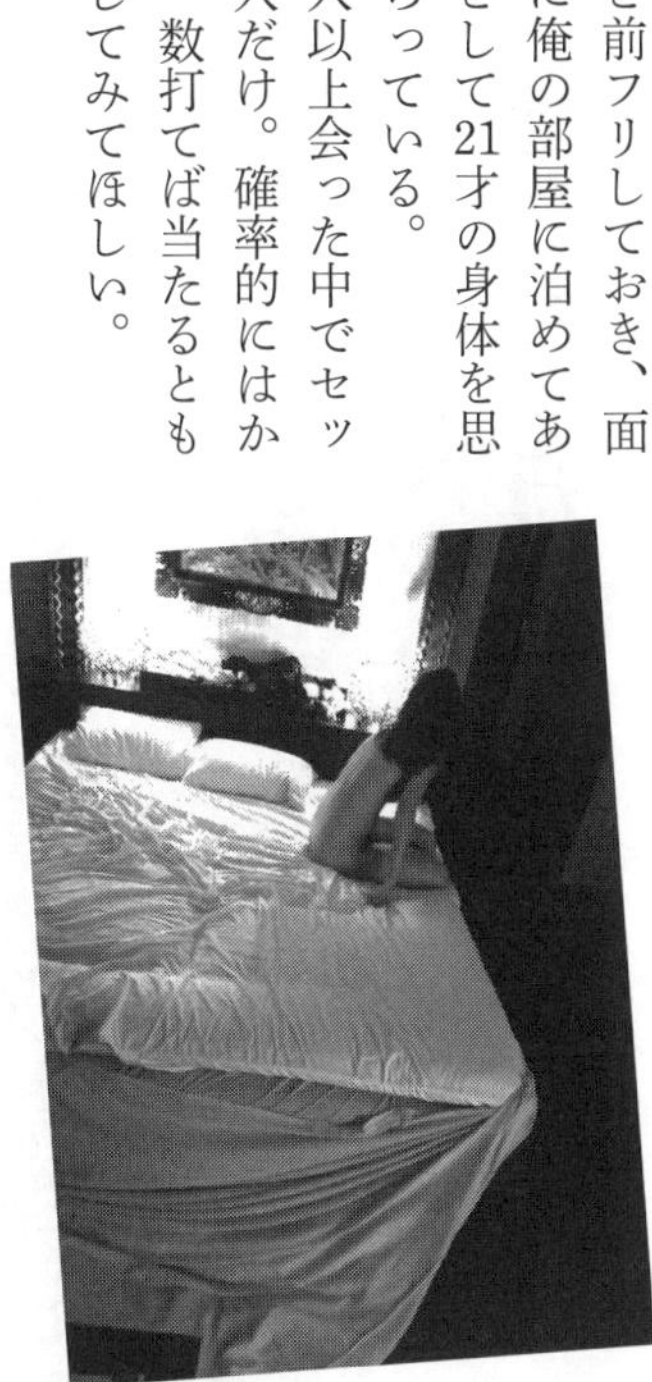

JDの体は美味しいです

「裏モノＪＡＰＡＮ」読者投稿傑作選 本当にエロい実話Exciting
佐々木賢一／神奈川県 38才 会社員

匿名参加だけどすぐ消えた？ＬＩＮＥオープンチャットで援交＆不倫をする方法

８月下旬、超大手ＳＮＳアプリのＬＩＮＥに突然、「オープンチャット」という新機能が実装されたのをご存知でしょうか。

これは大人数のアカウントが同時にチャットできる、いわゆるグループチャットの一種で、実装されて数日もしないうちに急速に広まりました。

これまでもＬＩＮＥにはグルチャ機能があったにも関わらず、なぜ爆発的な人気となったのか。

「裏モノJAPAN」2019年11月号掲載

なんと、「オープンチャット」は匿名のままでグループを作成、検索、参加ができるのです。これは画期的ですよ。

今までLINEのグルチャでは登録した名前でしか参加できませんでした。名前を変更すれば当然、他のユーザーにもそれが伝わってしまうので嫁には疑われます。そのため我々のような既婚者は利点を享受することができなかったわけです。

その点、匿名であれば何でもヤリ放題です。世の男女誰しもが考えることは同じのようで、オープンチャットが実装されてからというもの、大量の援交グルチャや不倫グルチャが乱立しました。もう世も末ですね。

援交相手を探すにはツイッターしかない

しかし、援交や不倫の温床となるサービスとして目を付けられるのを避けたかったのでしょう。実装から1週間ほどでLINEの運営が検索機能を停止させたのです。

そのためLINEアプリ上では新しいグルチャに参加することが難しいのが現状です。まったく余計なことをしてくれました。

では、どうやって援交相手を探せばいいのか。その答えはツイッターにあります。

試しにツイッターの検索欄で「オープンチャット」と入力してみると、大量にあるアニメやゲーム関連の募集の中に、援交（円光）相手募集やパパ活相手探しのオープンチャットがチラホラ見つかります。

参加するには専用のQRコードを読み込むだけなので簡単にチャットに潜り込むことができてしまいます。

QRコードを読み込むと、チャット内でのニックネームを作成する画面に移行します。そこで適当な名前を付けてから、参加の画面をタップするだけで、もうグルチャの一員です。面倒な審査なんかもないので楽に参加できますよ。

あとは簡単な自己紹介（年齢・性別や活動範囲など）をして適当な相手を探していきます。

ただし、オープンチャット内では個別でメッセージを送ることができないので注意が必要です。

個別のメッセでやり取りをするには、新しく自分専用のグルチャを作成（もちろん匿名可）してそのQRコード画像を、援交グルチャに張り付けなければなりません。面倒に聞こえそうですが、慣れれば1分もかからずに作れます。

ま、ここからのやり方は普通の出会い系と大差ないです。良さげな女とアポって援交するだけですから。

私が参加しているグルチャには100名ほどの参加者がおりまして、男女共に援交やパパ活の募集をしています。実際に、そのグルチャで仲良くなった相手と2回ほど援交に持ち込むことができました。値段は相場よりも少し高めでしたが、若い女の子を捕まえるにはちょうどいい場所です。

不倫相手を探すときに真価が発揮される

援交女を探す場合にも優秀なオープンチャットですが、不倫相手を見つけたいときにこそ真価が発揮されると私は考えます。

この場合はツイッターよりも「グループボックス」などの専用のサイトを利用するのがよいでしょう。

このサイトはオープンチャットの仲間を募集する専門のサイトで、「カラオケ」「趣味」「グルメ」などの多種多様なジャンルに分かれています。

中には既婚者限定のオープンチャットもあるぐらいで、頻繁にオフ会なんかが開かれています。

私が近所の繁華街で行われたオフ会に参加したときは、男6人、女が4人でカラオケをすることになりました。

結果としては全員と連絡先を交換するだけで終わってしまいましたが、その中の1人とはいまだにメッセージをやり取りしていて、今度2人だけで会うことになりそうです。もう、もらったも同然ですよ。

その後も何度か参加して気づいたのが、はじめてオフ会に来るという女が多いということ。

私が想像するに、今まで既婚者飲み会やグルチャに興味はあったけど、参加するのは怖いし、旦那にバレるのが心配だと

考える女たちが、匿名という2文字に惹かれているのでしょう。安心して羽を伸ばしているような気がします。ガツガツと相手を探すというより、長く付き合える不倫相手を見つけたいという傾向があるような。

新しい出会いが欲しい人でオープンチャットを利用しない手はないでしょう。

渋滞する高速道路でキツめの美人事務員にこっそり下剤を飲ませたら…

本当にエロい実話Exciting

「裏モノJAPAN」読者投稿傑作選

小西秀太（仮名）／神奈川県 32才 会社員

俺が勤める会社に、A美さんという20代後半の美人事務員さんがいる。俺たち高卒組と違い、4大卒でプライドも高く、上司にもハッキリ文句を言うようなキツめのキャラ。俺たち男性社員たちの間では、すこし近寄りがたいポジションの女だ。

巨乳ではないがバランスのとれたスレンダー体型で、いつもタイトなYシャツとスカート姿が色っぽい。というわけで、過去、何度も彼女のYシャツ姿を目に焼き付けてはズリネタにしていた。

「裏モノJAPAN」2019年12月号掲載

あのA美さんがウンコを漏らすなんて

俺の会社は、年に一度、春に社員旅行があるのだが、自分たちの車を何台か出して、それに社員全員が分乗して宿泊施設（今年は静岡の温泉ホテル）に向かうのが決まりだ。ラッキーなことに、自宅が近いこともあり、俺の車にA美さんが乗ることになった。彼女のほかに後輩の男社員2人も乗るが、彼女と車で長距離ドライブが楽しめるなんて最高だ。

社員旅行の計画が決まったその夜は、久々にオナニーがはかどったわけだが、同時に邪悪な考えも浮かんできた。

もし車内で睡眠薬を入れたコーヒーを飲ませたらどうなるだろう？　後輩たちも一緒に眠らせてしまえば、やりたい放題できそうだが…。

いや、さすがにそんな度胸はない。じゃ、利尿剤入りのお茶はどうだ？　帰りの高速道路は確実に渋滞するので、お漏らししちゃうのでは？

そうだ、どうせなら下剤にしてみるか。あのA美さんがウンコを漏らすなんてすごいぞ。やばい、勃起してきた。

色々調べた結果、ラキソベロンという液体の下剤があるとわかり、ネット注文。試しにコーヒーに10滴ほど入れて飲んでみたら、1時間後には水みたいな軟便がとまらなくなってしまった。これはすごい。

チーズのような下痢便の匂いが

いざ迎えた社員旅行当日。待ち合わせ場所で、ジーンズにブラウス姿のA美さんたちと合流。俺の車に乗せ、あまり会話も盛り上がらないまま静岡の温泉宿に到着。温泉と宴会を楽しんで、社員旅行は無事に終了した。

さて、ここからが本番だ。再びA美さんと後輩を乗せて、一路神奈川へ。東名高速に入ると、予想どおり、神奈川の手前あたりで道路が混んできた。

「次のパーキングに入りますね」

PAでカップコーヒーを4つ買い、前もって用意した下剤をA美さんのコーヒーにビューッと入れて車に戻った。

「コーヒー、よかったらどうぞ」

「ありがとうございます」

車を走らせ、ドキドキしながらバックミラーでA美さんを確認。コーヒー飲んでる！グイグイ飲んでる！　ドキドキしてきた…。

車はすぐに渋滞に巻き込まれ、1時間ほどでノロノロ運転に。このあたりでA美さんの様子がおかしくなってきた。眉間にシワをよせてお腹に手を当てている。

「すみません、またパーキングに入ってもらえますか？」

「いいですよ」

しかし渋滞で車はノロノロ運転のままだ。10分後――。

「ごめんなさい、ちょっと停めてください」

「え、ここで？　無理ですよ」

「お腹が痛くて…なんとかなりませんか」

「困ったな」

A美さんの顔が真っ青だ。その表情、ウンコを我慢してると思うとたまらん。

その30分後、静まり返った車内にチーズのような下痢便の匂いが充満しはじめた。同時にA美さんの嗚咽が聞こえてきた。

振り向くとA美さんは自分のバッグを自分の尻の下に敷いたまま、下を向いて身体を震わせていた。ジーンズのお尻まわりから足元にかけて茶色っぽいシミが広がってる。

彼女の隣に座った後輩はA美さんから離れるように座り、無言のまま「ヤバい」って顔で俺を見ている。

めっちゃ臭い。なのに勃起する俺のチンポ。あのA美さんが下痢便を…。この感情をどう表現したらいいのか。

「A美さん、次のインターで降ります。着替えを買って近くのホテルに入りましょう」

★

後輩たちを車に残し、俺とA美さんの2人でラブホに入り、シャワーを浴びてもらった。ガラス張りの浴室で彼女の全裸も見れた。人生最高の興奮体験だ。

「裏モノJAPAN」読者投稿傑作選　本当にエロい実話Exciting

トイレ盗撮のフック型カメラに鏡を引っ掛けておいたら排便中の顔がバッチリ！

匿名／東京都 45才 会社員

数年前までフック型のカメラを使って、トイレ盗撮を日常的に行っていた。女にバレないように注意しながら、試行錯誤を繰り返していたので、我ながらかなり巧妙な手法だ。

今回は防犯の意味を込めて、過去の手口を洗いざらいお伝えする。これを読んで防犯意識を高めてほしい。

自分は男だからといって読み飛ばさないように。油断していると、盗撮動画がゲイビ

「裏モノJAPAN」2019年10月号掲載

デオに流出することにもなりかねない。

掃除をしない時間帯に

当時、主な狩場としていたのがコンビニだ。男女共用で利用客の出入りが激しいので、いまやトイレ盗撮の主流はコンビニになっている。

盗撮カメラはフック型。3千円程度の安価な品だ。バッテリーが内蔵されていて、撮影時間は2時間ほど。さらに動態検知の機能がついているので、客が入ってくるまではスリープ状態で省エネのまま待機してくれる。

これを女の真正面に設置した。

なぜ数ある盗撮カメラの中でフック型を

選んだか。その理由は単純で、コンビニには必ず荷物を引っかけるためのフックが設置されているので、勝手に置いてもバレないだろうと考えたわけだ。

ただし、掃除の時間に店員が入ってきたら見つかってしまうので、次のような時間を狙っていた。

トイレの利用客が増える朝の通勤時間帯、そして店が一番混雑する昼食時だ。実際、どちらも店員が掃除する余裕がないのでバレることはなかった。

これで準備は万端。と思っていたのだが、盗撮を続けるにつれ、新しい問題が浮き彫りになった。

フックにカバンを引っかけて落下

まず、フックがあまりにも自然なため、利用客がカバンや上着を引っかけてしまうのだ。粘着テープで張り付けていたので、重さに耐えられずにカメラが落下してしまうことが何度もあった。幸い盗撮だと気づかれることはなかったが、落下の衝撃でカメラがぶっ壊れてしまい、何度も買いなおすハメに。これじゃ撮影どころじゃない。

強力なテープを使えば、落ちることはないのだが、今度は俺が取り外すのが面倒になる。

そこで一計を講じた。フックを使わせないためにはどうしたらいいか。しかもトイレに置いてあっても自然でなければならない。

そこで、100円ショップで買った、柄つきタワシを引っかけることにした。これなら置いてあっても自然だし、上から自分の荷物を引っかけるアホな奴はいない。

これが功を奏してフックを使う女はいなくなり、晴れて盗撮を堪能できる。かと思いきや、またも新たな問題が発生した。

撮影した動画を確認すると、若い女たちのほぼ全員が下を向いてスマホをイジりながら用を足しているため、顔がほとんど写っていないのだ。これじゃ全く興奮できない。

トイレ盗撮は小便をする最中の女の顔が見えてこそだと考える俺にとって最大の問題である。

パンツを下ろしても顔とセットじゃなきゃ意味がない。

この現状を打破するにはどうすべきか、逡巡を重ねた結果、一つの解決策を開発した。フックにかけるのをタワシではなく鏡に変えたのだ。鏡であればトイレにあっても自然だし、何よりも女はいつも鏡を確認して化粧だの、髪型を気にする生き物だ。

その効果はスグに表れた。今までスマホを触っていた女たちが鏡を気にしてカメラ目線をくれるようになったのだ。

髪をセットしながら小便を垂れる女。いきんだ顔でウンコをしながらメイクを確認する女。鏡を設置しただけでカメラに顔が写るようになった。これは世紀の大発見。まさに一石二鳥だ。

★

コンビニトイレを利用するときは、不自然なフックに要注意を。

本当にエロい実話Exciting
「裏モノJAPAN」読者投稿傑作選

斉藤裕二／東京都 33才 会社員

スカート女子の背後から「だーれだ？」をやればナマでパンチラを拝むことが可能説

目隠しの間に股間を覗き込めば…

「水曜日のダウンタウン」というテレビ番組で、興味深い実験をしていた。『後ろから「だーれだ」を知らない人にやられても、とりあえず誰か答える説』というもので、実験の結果はその仮説の通り、街中でいきなり目隠しされた人ちは、みなその

「裏モノJAPAN」2019年7月号掲載

ままの状態でひとまず考え、思いつく限りの知人の名前を口にしていた。

いきなり背後から目隠しするなんて、知人以外は絶対やらないはずなので、ああいう結果になるんだろう。なるほどねー。

と、このときはただぼんやりとテレビを観ていたのだが、しばらくしてあることに気が付いた。コレ、2人でやればパンチラ見放題なんじゃないの？

言いそびれたが、このオレ、三度の飯よりパンチラが好きなパンチラハンターだ。

こだわりは、ナマパンチラを見ること。スマホなどで盗撮した映像ではなく、直接自分の目で見たパンチラこそが一番だと思っている。

だから、普段から街中の階段やエスカレータなど、チャンスがあればできる限り身体を屈めているのだが、ナマパンチラはスマホ盗撮と違ってチャンスが少なく、目立つので難易度が高いのだ。

そこで、あのテレビ番組の実験だ。

2人でチームを組み、そのうちの1人が椅子に座ったスカートの女性に近づき背後から目隠しをする。

「だ～れだ？」

「え～、誰だろう」

などと言ってる間に、もう1人がターゲットの股間の前にしゃがめば、至近距離でナマのパンチラが拝める。目隠ししている間なら、真正面からどんなに近づいても絶対にバレないはずだ。

もしも女の子が目隠しされたことに怒ったとしても、「人違いでした」とでも言えばごまかせる。さすがにノゾキが目的だとは思わないだろう。

さっそく、会社の同僚でパンチラハンター仲間のT君にこの作戦を伝えたところ、面白そうだと二つ返事で乗ってくれた。いっちょ試してみましょう。

「ケイスケ君？　ヤマッチ？」

その週末、T君と待ち合わせして、ターゲットを探しに街へ繰り出した。

駅のホームから始まり、路上や街中の公園などのベンチを見て回ったが、スカート姿でベンチに座る女性がなかなか見つからない。やっと見つけたと思っても、背後が壁では近づけないし。

1時間ほど歩き回り、ようやく某ショッピングモールの中のベンチに座る20代のスカート女子を発見した。けっこう可愛い。背後には人が立てる十分なスペースも空いていて完璧なセッティングだ。

まずはオレが目隠し係でT君にオイシイ役をあげよう。

スマホでメールを打っている女の子の背後から静かに近づき、すばやく両手で女の子の目元を塞ぐ。

「だ〜れだ？」

「え、え？　ちょっと…え？」

女の子は、一瞬、身体をビクっとさせてオレの手に触れたが、手をはずそうとはしない。

「え…、わかんない。誰？」

「誰でしょう」

「え〜…」

ほんとに、あの番組まんまの反応で笑えてくる。世の中の人ってこんなもんなんだ。

その隙に、T君はすばやく女の子の前にしゃがみこみ、女の子の股間を凝視している。

「え〜わかんないです」

女の子がオレの手を摑んだ。そろそろ限界か。T君に目配せして、立ち上がるのを確認してから手を外した。

「あ、ごめん！　人違いでした！」

「え…？」

では、さいなら〜。

T君によれば、パンティはバッチリ拝めたそうで「色は白だった」とのこと。素晴らしい。作戦は成功だ。

続いてのターゲットは、駅近くのベンチに座るハタチ前後の女の子だ。膝上丈のナマ脚スカート姿で、スマホいじりに集中しているせいか両脚がわずかに開いている。

今度はT君に目隠し役になってもらい、オレがパンチラ鑑賞する番だ。

T君が女の子の背後から近

づき目を覆った。

「だ〜れだ？」

「え、え…」

やはり一瞬ビクっとなったが、手を取ろうとはしない。よし今だ！

すばやく女の子の前にしゃがみ込んで股間を覗く。

おお〜…。むっちりとした太ももの間から、白と水色のボーダー柄パンティが。この距離、この迫力、最高っす！

女の子が「ケイスケ君？　ヤマッチ？」などと心当たりのある名前を上げてくれたおかげで鑑賞時間はたっぷり。心ゆくまでナマパンツを堪能することができた。

「裏モノＪＡＰＡＮ」読者投稿傑作選 本当にエロい実話Exciting

まずはラーメン屋を教えよ。地方からの出稼ぎ嬢と簡単にタダマンできる方法

桃尻男／東京都 34才 会社員

フーゾク嬢、特に地方の店に在籍している女が都市部へ出稼ぎするケースがままある。目的はもちろんカネだ。田舎のヒマな店でお茶を引いてるくらいなら、客が多くて単価も高い都会の店でがっつり稼ぎたいと考えるのだろう。出稼ぎの期間は人によって様々だが、短期なら10日ほど、長いと数カ月におよぶケースもあると聞く。

俺はそんな出稼ぎ嬢を食っている男だ。もちろんカネを払ってではない。完全なタダマンだ。

「裏モノJAPAN」2019年7月号掲載

ではさっそく、その手法を公開するとしよう。

出稼ぎ嬢は孤独を味わっている

まずは、出稼ぎ風俗嬢をどこで探すか。手っ取り早さを考えると、ベストはツイッターだ。試しにツイッターを開き、「出稼ぎ 帰りたい」で検索してみてほしい（「出稼ぎ寂しい」または「出稼ぎ暇」でも可）。

「出稼ぎに来てるのにあんまり稼げてない。都会でもデリは景気が悪いのかな。おうちに帰りたい」

「あと5日も残ってるのに出稼ぎ中に風邪ひいた。なのに店長は休ませてくれないし。もう帰りたいよー」

こんな感じで、出稼ぎ嬢のつぶやきが山のようにヒットするハズだ。

そこで彼女たちにこんなDM（個人メッセージ）を片っ端から送りまくる。

「出稼ぎご苦労様です！　もし東京にいるのなら地元に帰る前に●●とか▲▲とか行ってみてください。めちゃくちゃ旨いんでオススメですよ」

●●や▲▲にはラーメン屋などの飲食店を入れるのだが、その辺は後述するとして、ひとまずこのＤＭの目的から説明しよう。

ひとつは地方から東京に来ている嬢をフルイにかけることだ。ツイッターではユーザーの現在位置がわからない。もしかしたら出稼ぎ先が大阪や名古屋の可能性もあるので必須の作業だ。

ＤＭの二つ目の目的は、親しみやすいキャラをアピールすることだ。

彼女たちのツイートを見ればわかるとおり、出稼ぎ中のフーゾク嬢はめちゃめちゃヒマを持て余している。あるいは、孤独を味わっていると言ってもいいかもしれない。なんせ知り合いも友人もいない街で必死に働き、店と寮を往復するだけの生活を送っているのだ。

そんな精神状態にあるだけに、他人の優しい言葉が刺さりやすくなっているわけだ。ただし、のっけからヤリ目オーラを出すのはマズい。いくらバカとはいえ、フーゾク嬢は男の下心を機敏に察知する。そうなれば万にひとつも勝機はないので、とにかくヤリたいという雰囲気を感じさせないＤＭが鉄則だ。

ちなみに、出稼ぎ中の嬢は食事を唯一の楽しみにしているコが多い。経験上、特にウケがいいのはラーメン屋やひとり焼肉専門店などの店情報で、これを付け加えるだけで返信率がまるで違う。覚えておいてほしい。

1日挟めばガツガツ感が薄れる

嬢から返信が来ても動き出すのはまだ早い。この段階は釣りでたとえるなら魚が水中のエサをつついているタイミングに過ぎず、下手にサオを動かすと簡単に逃げられてしまう。

たとえ嬢の反応が好感触でも下心は見せず、こんなDMを1通だけ返すのが吉だ。

「喜んでもらえたようなので、もう一つ、オススメの店を教えますね。●●って居酒屋なんですけど、酒の種類が豊富で、料理もハズレがないんです。良かったらぜひ行ってみてくださ い！」

この場合は、酒が飲める店ならどこをススメても構わないし、これに対する嬢の反応もさほど重要じゃない。それより大事なのは翌日、こんなDMで勝負に出ることだ。

「こんばんは。今晩、昨日教えた居酒屋に飲みに行こうと思います。もしよかったら一緒にどうですか？」

1日挟んでからの飲みのお誘い。だいぶガツガツした雰囲気は消せたと思うが、これでもまだ乗ってくる確率は五分五分といったところ。ここで断られたりスルーされるようなら次のターゲットにすっぱり切り替えるまでだ。

しかし、まんまとOKの返事がもらえればほぼほぼ勝ったも同然といえる。なるべく愚痴を吐き出させるような流れに持っていけば、さらに勝機はうなぎ上りだ。

その際のテーマは何でもいいが、ただしホストの話題だけは絶対に避けるべきだ。出稼ぎ嬢はなぜかホストにドハマリしている連中がやけに多いので、そこに触れてしまうとこちらに対する熱が急に冷めてしまうからだ。無難に仕事の愚痴をしゃべらせるのが結局のところベストかも。

★

この手法を確立してから計13人の出稼ぎ嬢とタダマンしてきた。正直、その半数以上はブスやデブだったものの、ほとんどは20代の若い女だし、ナンパのスキルがほぼ不要でタダマンができるのは、やはりオイシイと思う。皆さんも試してみては？

もう本当に**出稼ぎ帰りたい**確かにクソ稼げるけど休憩ないのしんどすぎるあと5日乗りきれる気がしない
メンタル死んでてライン返せてない方すいません後で返します
一部の担当に会いたい

1 8

@ · 5月7日
返信先: @rin_soapさん
出稼ぎだと余計**帰りたい**欲出ますよね
何だかんだで帰ってないんで
お互い頑張りましょ

2 2

@ · 5月6日
出稼ぎで保証あるときは当たり前に客来て欲しくない
保証だけもらって**帰りたい**
ってか12時間待機で6.5とかって実質1時間5000円じゃん？
保証超えない日ばっかだしそれならキャバで時給7000円出してもらった方が絶対いい

1 7

@ · 9分
今すぐ**出稼ぎ**から**帰りたい**
もーいやの極み
吐き気やばすぎ
きもいきもいきもいきもい

@ · 5月1日
出稼ぎ乗り切れる気がしない あと4日 **帰りたい**よぉ〜

マッチングアプリの美人ニューハーフを無料フェラ専にする方法

「裏モノＪＡＰＡＮ」読者投稿傑作選 本当にエロい実話Exciting
鈴木リュウタ（仮名）／東京都 34才 会社員

セフレや恋人探しの定番アイテムとなったマッチングアプリの「ペアーズ」で、スマホで呼べば1時間で家に来てくれるフェラ専用女を3人見つけることに成功している。ただし、相手は全員ニューハーフだ。

誤解してほしくないが、俺はその趣味の男ではないし、アナルセックスにもまったく興味がない。あくまで一級の美人ニューハーフだけを引っ掛け、フェラをしてもらっているにすぎない。

「裏モノJAPAN」2020年2月号掲載

女としての君が好きなのだ

ペアーズでニューハーフを見つける方法は簡単だ。「ニューハーフ」「ＬＧＢＴ」のキーワードでコミュニティ検索すると、その手のコミュニティに入っている〝女性〟のプロフィールにニューハーフであることを公表している者がけっこう見つかる。

こちらのスタンスは、『真剣に恋人を探しています』という感じでＯＫ。『仲良くなったらおいしいごはんや温泉旅行、南国に海外旅行も行きたいです』などと無難なプロフにしておけばよい。

勝負はマッチング後に始まる。いいねが返ってきたら、晴れてメッセージのやりとりがスタートするのだが、ここでも会話の内容は普通の女性に対して送るようにするのが重要だ。

例えば、2カ月ほど前にマッチしたのが、港区に住むニューハーフキャバクラに勤める滝沢カレン似の24才だ。

『はじめまして！　食の趣味が合いそうなのと、顔がタイプなのでいいねしました！かわいいです…！　よろしくおねがいします！』

『よろしくお願いします！　顔、ほめてくれてありがとうございます^^』

彼女のように、普通に返事が返ってくることもあるが、相手によっては『私、ニューハーフですけど、大丈夫ですか？』と確認が入ることもある。男性利用者の中にはプロフィールをさほど読まずにメッセージを送り、後でニューハーフと気づいて罵詈雑言を返すのが少なくないからだ（会って本人から聞いた）。

そんなときも、『特に気にしていませんよ。好きになった人がタイプなので（笑）』とさらりとかわしておく。あくまで俺は女としての君が好きなのだということを伝えるのだ。

3日ほど他愛もない会話を続けたら食事に誘う。ここまで、普通の婚活女を口説くときの会話とまったく一緒だ。

挿入とかは興味ないけど

デート初日は、居酒屋などで、互いの簡単なプロフを確認しつつ、理想のデートや好きな男性のタイプなどを聞き出していく。

「どんな人が好きなの？」

「元カレはみんな年上で、20才上とかもいたね。不倫もあったかな」

「いろんな経験してきてるんだね。彼氏と旅行とかも好き?」

「うん、温泉とかすごく好き!」

「じゃあ草津とか伊豆とか行きたいねえ」

ポイントは、こんな感じの無難な会話に終始し、終電前にあっさり解散すること。実は、これが強烈な食いつきになるのだ。

というのも、彼女たちいわく、マッチングアプリでニューハーフと会う男たちのほとんどが、肉体関係をすぐに求めてくるから。事実、カレンも「マッチングしたあと、ヤリたいってことしか送らない人が多い。会ってもすぐに手をつないでくる」とデート中に愚痴をこぼしていた。

2回目以降のデートでは、もう少し深い話に進む。どぎつい下ネタではなく、理想の日常というテーマで、こちらの要求を口にするのだ。カレン似との会話はこんな感じだった。

「一緒にいて気を使わない関係って理想じゃない?」

「わかるー!」

「もちろん、身体の相性も大事だけど、俺はハグが好きなんだよね。いかにもな激しいエッチとか興味なくて」

「ハグ、私も好き〜」

「それに、入れたとしてもイケないんだよね。俺はどちらかと言うと相手から愛されてるなって思う行動をしてもらうのが好きかな」

「じゃあ、責められるのも好きなの？」

「そうだね。挿入とかは興味ないけど」

遠回しに挿入よりフェラ好きをアピールするのは、アナルセックスしたくないし、ニューハーフはフェラが上手そうだからだ。

さて、2〜3回の食事デートをこなして、ここまで一切がっつかず、徹底的に女扱いしておけば、相手もコチラを「真剣に自分を好きでいてくれる彼氏」だと思ってくれる。普段から女扱いされることが少ないだけに刺さるのだ。

あとは、店を出たあと「もっと一緒にいたい」

心と身体

| LGBT理解あります
メンバー　1,721人（女性　944人）

コミュニティに参加すると、共通の趣味のユーザーからいいね！をもらいやすい！
※参加したことは異性にしか表示されません。

このコミュニティに参加する

メンバー 1,721人　※女性のみ表示されます　　944人中 1〜20人を表示

1 2 3 4 5 6 7 8 9 10 ›

こういうコミュでターゲットを探す

と手をつなぎ、ホテルに連れ込むだけ。「挿入には興味ない。ハグが好き」と伝えてあるので、相手を抱き寄せて横になり、こちらからチンコを差し出せば、自然と口に含んでくれるものだ。

この誠実〝風〟な恋活アプローチで、俺は半年で3人のフェラ専美女をゲットした。彼女たちの舌の使い方と口の動きは絶品である。ぜひ皆さんにも味わっていただきたい。

ベジタリアン風俗嬢はガマン汁も飲めないはずだから必ずツユだくフェラになる説

「裏モノJAPAN」読者投稿傑作選
本当にエロい実話Exciting

麻戸洋平／関東 29才 会社員

最近やたらと「ヴィーガン」や「ベジタリアン」って言葉を耳にする。どちらも動物性の食べ物を絶対に口にしない、菜食主義者のことだ。

聞くところによると、連中は肉や魚はもちろんのこと、カツオ出汁や鶏ガラスープまで飲めないって言うんだから心底、気の毒にもなる。あの人たちって、いったい何を楽しみに生きてるんだ？

とまあ、そんなことはどうでもいい。菜食主義者についてあれこれ考えているうち、

「裏モノJAPAN」2019年8月号掲載

俺はナイスなアイディアを思いついたのだ。なるほど、これはフーゾク遊びが楽しくなるかも。よし、では実践だ！

「ベジタリアン」で当たりが

まず取りかかったのは、菜食主義者のフーゾク嬢を探し出すことだ。が、「ヴィーガン」をキーワードにネット検索するも、なかなか狙いどおりの情報が引っかからない。

ならばと今度は「ベジタリアン」で試してみたところ、ようやく当たりが。とあるデリヘルのHPで、自分はベジタリアンだと言う嬢のプロフにたどり着いたのだ。

さっそくその嬢、ユキナと遊ぶべく店に電話し、その足でラブホへ車を飛ばす。

チェックインから1時間後、ドアにノックの音が。

コンコン。

「はい、どうぞ」

「こんにちは〜」

ドアの向こうから顔を覗かせたのは、HPのプロフ画像と比べて美人度が3割ほどダウンした若い女だ。とりあえずデブじゃないし、まあ、いっか。

「今日はお店忙しい？」

「いやー全然ヒマですよ」

中身のない会話を交わしつつ、２人でシャワーを浴び、ベッドへ。いよいよ待ちに待った瞬間だ。

精液だって動物性たんぱく質だし

俺の股間を目指し、ユキナがゆっくり顔を近づけてきた。そのタイミングで聞いてみる。

「そうそう、ＨＰ見たんだけどさ、ユキナちゃんってベジタリアンなんだって？」

「あ、そうなんですよ」

もともと彼女、肉は大好きだったのだが、数年前に体調を崩した際、知り合いの勧めもあってベジタリアンに転向したのだという。

「おかげで体調がすごく良くなったんですよ」

「へえ。やっぱり動物性のものは一切口にしないの？」

「そうですね。豚骨ラーメンのスープも飲まないようにしてるんで」

思った以上に厳格なベジタリアン。申し分なしだ。

「じゃあさ、こういうお仕事してると大変でしょ」

「え、なんで？」

「生フェラなんかしてたら、うっかりガマン汁を飲んじゃうことだってありそうじゃん。言ってみれば精液だって動物性たんぱく質だしね」

サラッと言ってるが、実はこのセリフには、ある意図が込められている。

これまでユキナがガマン汁を動物性たんぱく質、つまりベジタリアンが口にしてはいけないものだと認識していなかった場合にそなえて〝気づき〟を与えようというのだ。ま、彼女ほどの厳格なベジタリアンなら余計な心配かもしれんが。

ユキナが呆気にとられた表情を見せる。

「あ、そうだね！　そこまで考えてなかったよ！」

アップねー。これだからフーゾク嬢はマイッちゃうよ。

「口の中にツバ溜めてるの」

キスと乳首ナメのあと、ユキナの顔がチンコに迫ってきた。そのままパクっとくわえるのかと思いきや、口をもごもごさせて手間取っている。

「何やってんの？」

「うん、ちょっと口の中にツバ溜めてるの」

そう言うや、ユキナの口から白濁したツバが糸を引いて、亀頭にツーっと垂れ落ちた。さらにもう1回ツーっ。

唾液まみれになったチンコをユキナがくわえ込む。彼女の口からグジュ、グジュとヒワイな音が聞こえてくるのは、またさらに口内にツバをたっぷり溜め込んでいるからだろう。グジュ、グジュ。そう、俺が待ち望んでいたのはまさにこの瞬間なのだ。

ベジタリアン風俗嬢ならガマン汁を飲み込まないようツバだくだくのフェラをするのではないか。ありったけのツバを垂れ流し、精液の侵入を阻止しようとするのではないか。その目論見が見事、当たったわけだ。

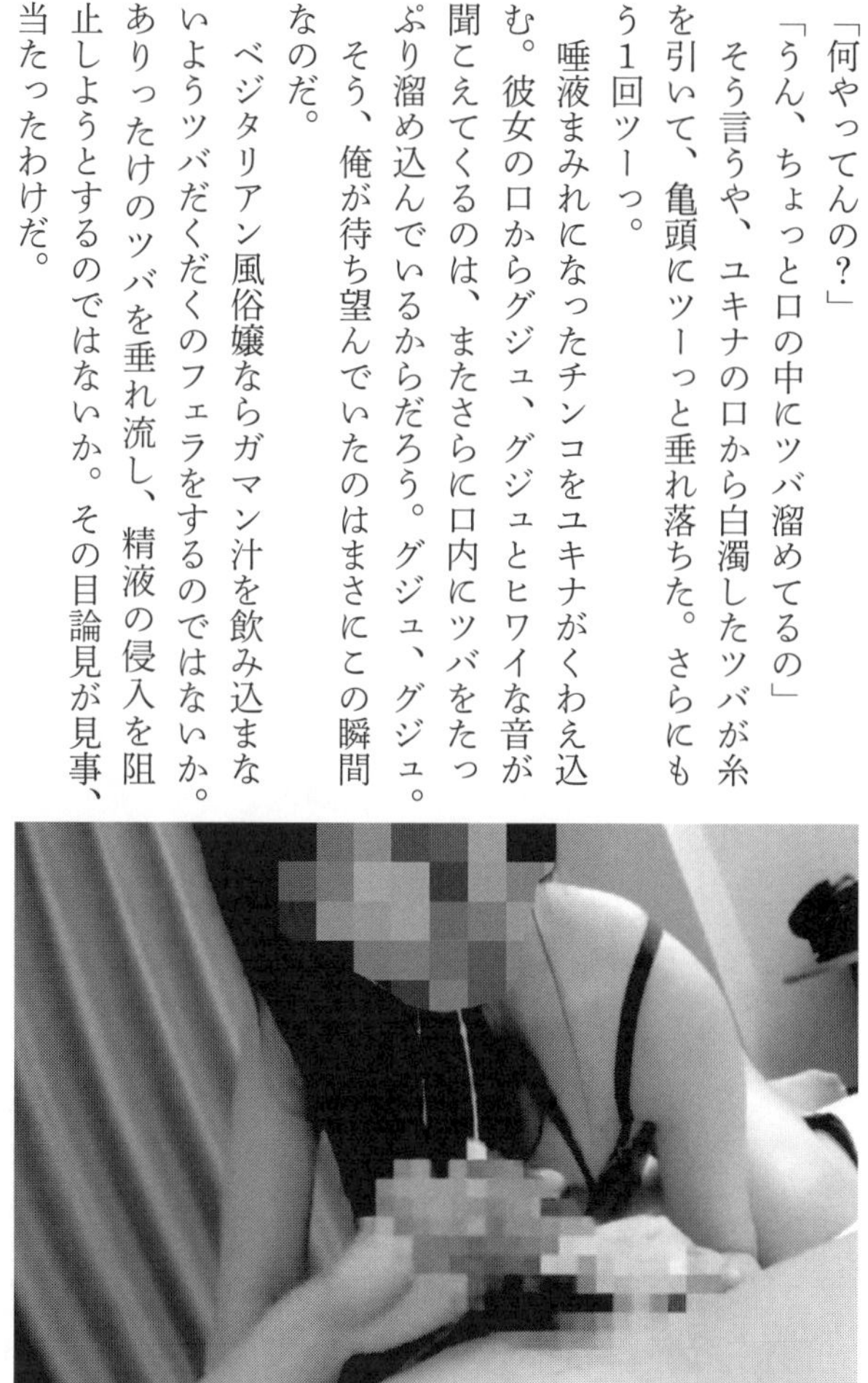

ああ、それにしてもなんて気持ちいいんだろう。頭の芯がジンジンとシビれるようだ。

★

かくして俺のベジタリアンツバだくフェラ作戦は大成功を収めた。地元のデリにベジタリアン嬢のいるみなさん、なんなら俺の天才的な手法をマネしてもいいですよ。

「裏モノJAPAN」読者投稿傑作選 本当にエロい実話Exciting

竹内翔太／東京都 29才 フリーター

新製品チューハイのモニター女はヒマで、断れない性格で、さらに少し酔っているから…

酔いが回るのはかなり早い

混み合う渋谷のセンター街を歩いてると、水色のゼッケンを着たオバハンに声をかけられた。

「すいません。ちょっとお時間ありませんか？ アンケートを取ってるんですけど…」

「裏モノJAPAN」2019年10月号掲載

ちょうどヒマだったので話を聞いてみることにした。いったい何のアンケートだろう？

「新製品のお酒を試飲していただきます。では、こちらにどうぞ」

言われるがまま雑居ビルの一室に案内された。

部屋の中は、たくさんの机が並んでいて予備校の自習室みたいな明るい雰囲気だ。意外にも場内には女性もいて、缶ドリンクを片手にアンケートを書いている。

机につくと係員に３５０ミリの缶チューハイと紙の束を渡された。ふむ、これが新商品だな。

「この用紙に感想の記入をお願いします。なるべくたくさん飲みながら書いてくださいね」

グビグビとチューハイを飲みながら、味やら缶のデザインやらについての項目を埋めていく。どうやら中身は今流行りのストロング系チューハイで度数が高めのやつだ。

ツマミがないので、酔いが回るのはかなり早い。俺もすでにホロ酔い状態だ。

アンケートは20分ほどで終了。謝礼として５００円分の図書カードを受け取って会場を後にした。

すると、俺と同じタイミングで１人の女性も外に出てきた。たしか隣でアンケートを書いていた人だ。

思い切って声をかけてみることにした。たぶん酔っぱらって気が大きくなっていたのだろう。

「あのー、さっき中でアンケートを受けてた方ですよね？」

「ええ、そうですよ」

彼女も頬を赤くしていて、少し酔っているみたい。よし、誘ってみるか。

「飲み足りないのでバーにでも行こうと思ってたんですけど、一緒にどうですか？」

「あはは、ええ、まあ時間もありますし…」

なんと！　簡単にＯＫが出た。今までナンパの経験なんかほとんどないのに！

まさか、ここまでうまくいくとは。もしかして、これナンパの手法になるんじゃないか？

「ツマミもなくて味気なかったでしょ」

別の日。同じようにアンケートを受けるためにセンター街を散策していると、スグにゼッケンを着たオバハンに声をかけられた。誰彼構わずに勧誘しているようだ。

前回と同じ会場に入りアンケートを書いていると、30代とおぼしき地味目の女性が入ってきた。よし、今日はあの子を狙って声をかけることにしよう。

終了時間を合わせるために、ゆっくりと感想を記入して、彼女が書き終えたタイミングで一緒に外に出る。いまだ！

「あの、ちょっといいですか？」

「はい。なんでしょう？」

「これから軽く飲みに行きませんか？　ちょっと飲み足りなくて」

前回と同じような文句で攻めてみる。

「うーん、どうしよう」

「ほら、ここはツマミもなくて味気なかったでしょ」

「ふふふ、まあそうですね。少しだけなら、いいですよ」

よし。これまた楽勝にゲット。彼女とは数件の居酒屋をハシゴしてからカラオケに行ってキスまで成功した。

思うに、アンケートに参加する女は、時間があってヒマなはず。話しかけられて断りづらい性格の持ち主とも言えるだろう。しかも、酒を飲んでホロ酔いの状態。これほど恰好のターゲットはいない。

その後もオバハンが多く現れる平日の夕方は、同様の手法でナンパしている。

毎回アンケートを書くのは効率が悪いので、ビルの前で張り込みをして、出て来た女に声をかける作戦だ

実際に飲みに行ってくれるのは3割程度だが、無視されることなく全員が話を聞いてくれるのは、やはり断りづらい性格ゆえか。

この手のリサーチ会社は全国の繁華街にあるので、興味がある人は狙ってみるといいだろう。

「裏モノJAPAN」読者投稿傑作選 本当にエロい実話Exciting

見知らぬ女の胸元に500円玉をねじ込み、その隙に乳首を見る男

赤いティッシュ／東京 AV男優

とある画期的な手法で、街行く素人女性の乳首を見まくっている。

その手法はいたってシンプルだ。女の子に声をかけて、相手の胸元にチップを入れる。そのスキに乳首をチラ見する。たったこれだけだ。

変態の戯言と侮るなかれ。なんと、その打率は驚異の3割以上。つまり、声をかけた女性の3人に1人の乳首を拝んでいるのだ。


「裏モノJAPAN」2018年12月号掲載

ストリップのチップに着想を得る

ことの始まりは5年前。当時、私は都内の繁華街でスカウトの仕事をしていた。キャバクラや風俗店を紹介する、皆が想像するような一般的な業務内容だ。

とはいえ、女の子に何度も声をかけるのには苦労した。スカウトの仕事といっても、やることはナンパと同じだ。

それに、せっかく捕まえた女は店に紹介するだけで、当然ながらセックスできるわけでもない。労力と成果が割に合わず、内心は悶々としていた。

どうにかして、スカウトで捕まえた女から甘い汁を吸えないだろうかと熟考するうち、ハタと思い出したのが海外のストリップだ。

ビキニにチップとしてお札を入れて、ちょっとしたサービスをしてもらうアレだ。

これを少々アレンジし、スカウトで捕まえた女の胸元にチップを入れて、その瞬間に乳首を見れるんじゃないかと考えたわけだ。

しかし、突然チップを渡しても驚かれるだけなので、カメラで写真を撮らせてもらうお礼にチップを渡すことに決めた。

やってきたのは新宿歌舞伎町。コマ劇前を歩いている、いかにも水商売風な女に声をかけた。金に困っていそうだし、スカウトの仕事もできて一石二鳥だ。

「お姉さん。すごくキレイなので、写真を撮らせてもらえませんか？」

「え？　うーん。どうしようかな…」

「お願い！　１枚だけでいいからさ。少しだけどお礼もするし」

千円札をわざとらしく見せつけると、すぐにＯＫがでた。よしよし、ここまでは順調だ。簡単に写真を撮らせてもらい、とうとうチップのお時間だ。

「じゃ、これ約束のチップね」

そう言いながら、ざっくり開いた胸元に、折りたたんだ千円札をねじ込む。その瞬間、ブラと肌の間にうっすらとピンク色の突起物を発見した。

よし！　大成功だ。

当の本人は乳首を見られたことには気づいていない様子で千円のチップに喜んでいる。ここまでうまくいくとは。正直、自分でもビックリだった。

音楽フェスで100人の乳首を拝む

こうして、チップを渡すスキに乳首を見る手法が完成した。その後は現在に至るまで、同じ活動を続けている。

しかし、問題も出てきた。何度も成功するのはいいのだが経費が異常なまでにかさんでしまうのだ。そこで千円札ではなく、500円玉に変えてみたのだが、意外や女たちのリアクションは変わらなかった。どうやらチップをもらうということ自体が気分を良くさせるらしい。

次に私が目を付けたのが音楽フェスだ。

フェスには薄着で酔っぱらった女がわんさかいるし、歌舞伎町にいる女のように擦れてない美女がわんさかだ。

先日、お台場で行われた「ウルトラジャパン」というフェスでは、行程の3日間すべてに参戦し、100人以上の美女の乳首を拝むことに成功した。

インスタに写真を載せたいから一緒に撮らせてくれとお願いしてチップを入れる。手法はほとんど変わっていない。

チップを入れながら、ペリペリとヌーブラを剥がして乳首を見るのは本当に興奮できた。

多少の経費は掛かるが、モデルやらダンサーやら絶世の美女の乳首を拝めるんだから安いものだ。

★

ちなみに、これまでトラブルになったことはない。近ごろは、あらかじめ胸元にチップを入れることを女に伝えておくので、あまり警戒されないのだ。

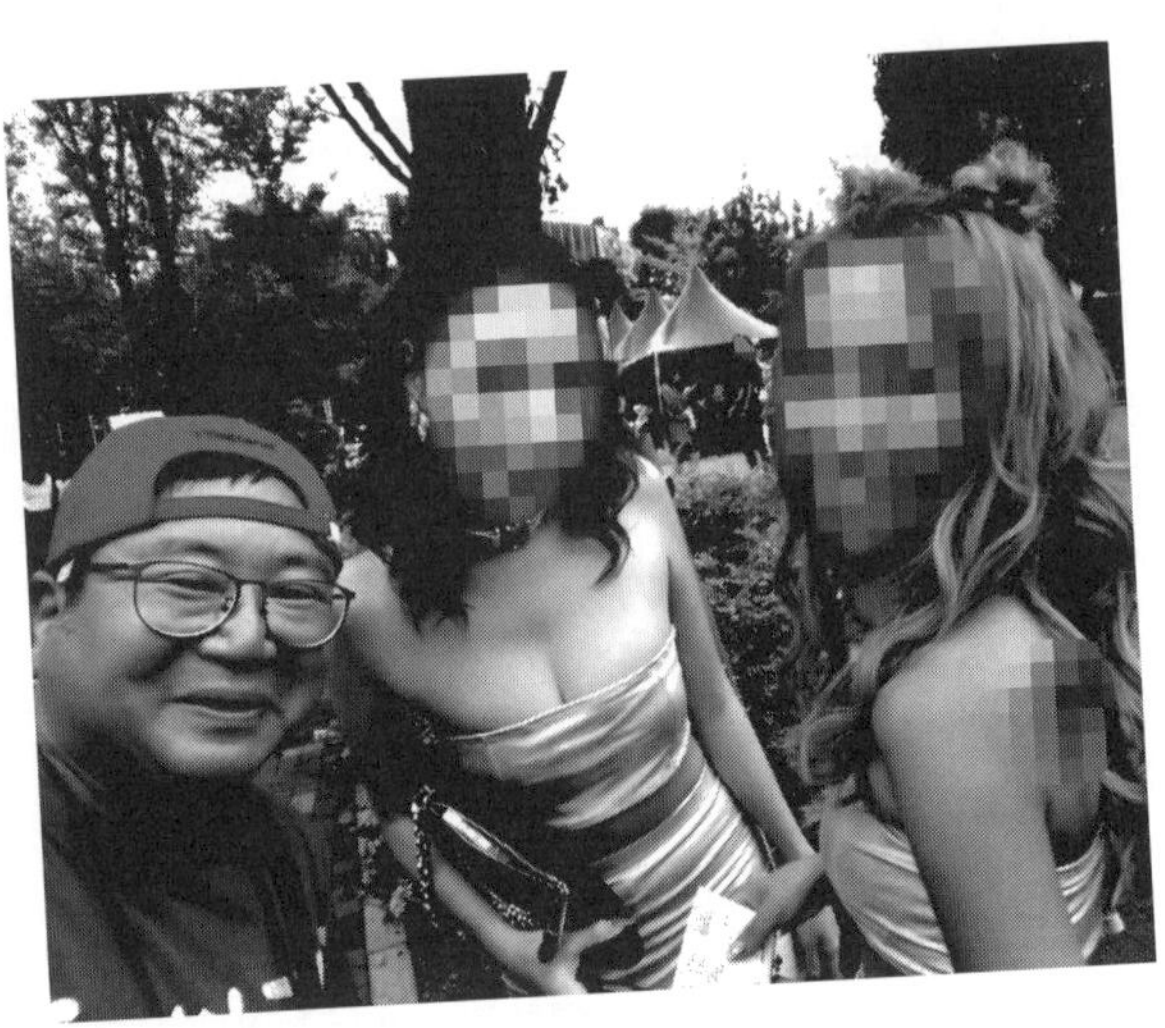

超ハイレベル女子だらけのギャラ飲みアプリ「パト」で貧乏男が楽しむための裏ワザ

向田 司／38才 会社員

　いま若い女の子たちの間でギャラ飲みアプリ「Pato（パト）」が盛り上がっている。

　ギャラ飲みとは、男と一緒に飲む代わりに小遣い（ギャラ）がもらえるという意味で、ようするに飯だけパパ活と中身は同じだ。

　ほかのパパ活アプリと違い、男女が個人同士のやり取りをして待ち合わせるのではなく、パト側が女の子を派遣する仕組みで、ギャラ飲みの募集や応募、メッセージのやりとりやギャラの決済まで全てをアプリ上で行い、男性は女の子と会っている時間分だけ

「裏モノJAPAN」2019年2月号掲載

事前に決められたギャラを支払わねばならない。

金額は女の子が自分で決めることができ、1時間の対面で最低5千円、中には4万円以上の金額に設定してる子もいて、かなり高めな印象だ。

が、このアプリに登録してる女の子たちは、事前に運営会社の面接を受けていて、容姿のレベルが驚くほど高い。本物のモデルや芸能人くずれも複数エントリーしているのだ。

となれば、当然パトを利用してる男たちも、大企業の役員や経営者などガチの金持ちばかり。男性側のプロフィールを見ると年収ウン千万クラスがゴロゴロいる。

われわれ一般庶民にはまったく関係のない話に聞こえるかもしれないが、俺はとある作戦を使い、そんなハイレベルなギャラ飲み女たちと格安で出会い、さらには逆にこちらが小遣いまでいただいている。

芸人のツイートをパクりまくる

パトの男性利用者たちのプロフには、会社経営者や役員など高給取りの肩書ばかりが並んでいて、「つぶやき」では、ジムで汗を流して西麻布で飲んでるだの、ドバイで客とディナー中だのと意識高めの金持ち自慢をしていることが多い。

貧乏人のオレがそんな彼らを出し抜くには、オモシロキャラで行くしかないと考えた。

プロフは、ヒラのサラリーマンと正直に書き、マイナーなお笑い芸人のツイッターを色々と見て回り、過去のおもしろツイートを探しだして丸パクリし、つぶやき続けてみたのだ。

『落ちにくいハンガーってかけにくいって知ってた？（プラス・マイナス岩橋）』

『メモ帳を開きながら1人で食べている。お店の方にミシュランの人と疑われていないか不安だ（又吉直樹）』

彼女らには、あまり狙いすぎず、クスッと来るぐらいのネタを選んだ方がウケがいい。意味不明できてれつなツイート（野性爆弾のくっきーとか）だとやりすぎだと思う。

1日数回、芸人のツイートをパクって書いていたら、3日目あたりから、『面白いですねー☆彡 よかったら仲良くしてください！』なんてメッセージが女の子たちからポツポツ届くようになった。

『ありがとうございます〜。でもボクなんてタバコも吸うし、汚れのダメ人間ですよ〜』

『ワタシもダメ人間だから平気だよ〜（^^）』

こんな感じでメッセージをくれた女の子たちとやり取りを続けていくうち、なんとわずか2週間で10人以上のパト女子とメル友のような関係になったのだ。

超絶美人のモデルちゃんと友達に

パトには、相手と会ったときに支払うギャラ以外に、「ギフト」と呼ばれる投げ銭機能が付いている。

気に入った女の子に「おでん300p（1p＝1.1円）」、「雪だるま10000p」などと直接お金を贈る男は大勢いて、彼女たちのつぶやきには『まだ会っていないのにギフトいただきました。ありがたいです』なんてメッセージが頻繁に書きこまれて

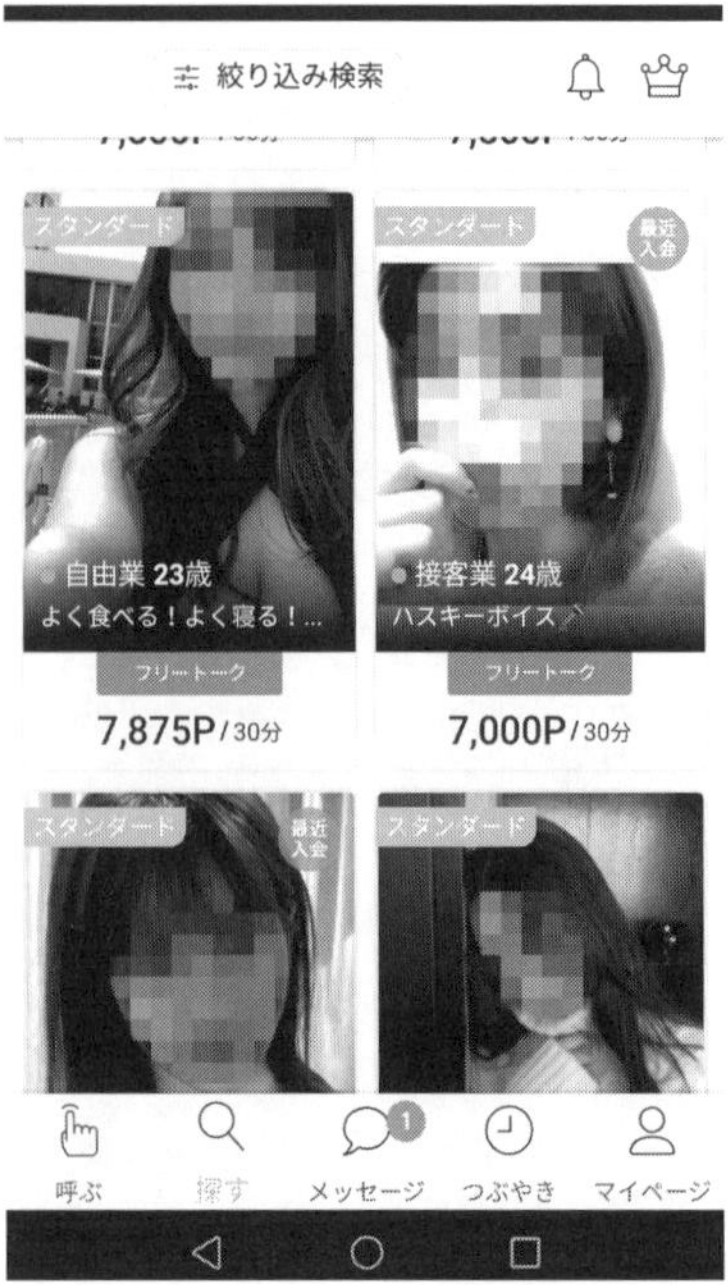

いる。

ギフトは女の子から男に贈ることもできるので、試しに『羨ましいわ～ オレもギフト欲しいわ～ 誰か送って～』とつぶやいたところ、なんと数人の女の子たちから、おでんだのビールだのと複数のギフトが届いた。

金額は全部で8千円程度だが、男が払うのが基本のパトで、女性からお金がもらえたというだけでもすごいと思う。すべて芸人さんのオモシロツイートのおかげだ。

話はこれだけでは終わらない。

メッセージをくれた女の子たちとマメにやり取りを続けた結果、仲良くなった美人ちゃん2人と、1時間500円にギャラ代をディスカウントしてもらい、飲みデートすることができたのだ。

1人はギャラ代が通常1万5千円の上場企業のOLさんで、もう1人は1時間2万円の超絶美人のモデルちゃん。

まだどちらも一度飲んだだけの関係でホテルに連れ込めたわけじゃないが、飲み友達になれただけでも十分な成果だと思っている。

本当にエロい実話Exciting
「裏モノJAPAN」読者投稿傑作選

在京福岡県民のための交流イベント「リトルフクオカ」に参加してわかった 福岡美人は、県外の男に勝機アリ

吉沢 英輔／東京都 35才 会社員

福岡県には美人が多い。福岡出身の芸能人はたいていキレイだし、旅行に行って街を歩いても道行く女の子たちが本当に可愛い。あんまり美人が多いので本気で移住を考えてしまうほどだ。

そんなオレが「リトルフクオカ」なるイベントの存在を知ったのは1年前のこと。

東京在住の福岡県民同士が、親睦を深めるために開いている飲み会イベントで、福岡県民以外でも、福岡のことが好きであれば誰でも参加可能らしい。

「裏モノJAPAN」2019年3月号掲載

これは福岡美人とお近づきになれる絶好のチャンスとばかり、即座に参加の申し込みをした（※申し込みにはフェイスブックのグループへの参加が必要）。

絶対に福岡の男とは付き合いたくない

イベント当日、会場のイベントスペースには、100人以上の福岡県民が集まっていた。参加者の約半分が20〜40代の女性で、不美人もいないわけではないが、予想どおり美人の割合がめちゃ高い。ちなみに、オレ以外に他県の人間はいなかったように思う。

運営の挨拶などを経てフリートークの時間になり、酒を飲みながら片っ端から女性参加者たちと会話していったのだが、一つ気になったことがある。

何人かの女性参加者が、オレが東京出身だと伝えた後に、こんな感じのことを口にしたのだ。

「福岡の男は、女の扱いが悪いんですよね」

ほかにも、自分勝手だの男尊女卑だのとダメ出しをして、東京出身だと答えたたオレに対し、いい感じのリアクションを返してくれる女性が複数いたのだ。

結局、その日は「絶対に福岡の男とは付き合いたくないです」と言っていた、そこそこ美人と話が盛り上がって連絡先を交換。後日、食事デートに展開することができた(まだヤレてない)。

その後も2回ほどリトルフクオカに参加したのだが(3カ月に一度開催されている)、同じように出身地の話題になると、地元の男と付き合うのはイヤと答える女性は毎回いて、東京出身の俺に好意的な反応をくれるのだ。

結果的に、このイベントを介して知り合ってヤレた女性は1人だけだが、福岡美人は、出身地の話題を振ると、他県の男が有利に持ち込めるんじゃないだろうか?

狙いは、上京したての福岡出身美人ちゃん

その仮説を確かめるため、オレはマッチングアプリを使って福岡出身の美人ちゃんを狙い撃ちし、出身地の話題に持ち込む作戦で攻めまくってみた。

ようやく1人の福岡出身のまあまあ美人とマッチング。互いの出身地の話題に持ち込んだところ、

『上京してみたら、男の人が優しくて驚きました』

と言っていた23才のOLと付き合うことができてしまった。リトルフクオカとほぼ同

じ状況だ。

　ただし、いくら福岡出身でも、東京暮らしが長い子は、男の優しさに慣れてしまっている。狙いは、上京したての福岡出身美人ちゃんのみだ。

　このナンパ法は、マッチングアプリや出会い系で出身地がわかるものならなんでも応用できるはずだ。

　福岡の女の子は地元の男がイヤと言うわりに地元愛が強く、福岡の郷土料理系のお店に女の子同士で行くことが多い。

　なので、福岡の郷土料理が食べられる居酒屋なんかに野郎２人で

いいね！　フォローする　シェア　…
リトルフクオカ
@littlefukuoka
ホーム
ページ情報
写真
投稿
コミュニティ
情報と広告
ページを作成
リトルフクオカ
2018年11月29日・
いよいよ今日はリトルフクオカvol.13！
今回は19時開始（18時半開場）やけん、間違えちゃいかんよー！！
https://littlefukuoka-vol13.peatix.com/
会場はコチラ↓... もっと見る
LITTLEFUKUOKA-VOL13.PEATIX.COM
リトルフクオカvol.13 大忘年会 ~11月29日はいいフクの日！いいニクの日！~
5人
いいね！　コメントする　シェアする

繰り出し、テーブル越しに声を掛けるという作戦も実行したところ、4戦3勝という好結果（連絡先の交換まで）を叩き出すことに成功した。

こちらが東京以外の出身地だとどうなるかは確認できないが、彼女たちは福岡の男が嫌なだけなので、おそらく行けると思う。

福岡出身の女の子を見つけたら出身地の話題に持ち込むだけなので、ナンパ好きな皆さんはトライしてみても損はないと思います。

本当にエロい実話Exciting

「裏モノJAPAN」読者投稿傑作選

もしかして妊娠するかも！女性トイレのウォシュレットに自らの精液を混ぜる変態男

外山翔一／東京都 31才 サラリーマン

私は日頃からトイレで用を足す女性を盗撮している。便器にジョボジョボと排泄する無防備な姿は得も言われぬ興奮を与えてくれるのだ。

そんな変態行為を続けること1年以上。毎週のように盗撮してきたのだが、さすがに飽きが来てしまった。

トイレ中にものすごい美人が入ってきても、結局はビデオを回しているだけで、何も手を出せない。そんなもどかしさを感じてしまうのだ。どうにかして、相手の女にアク

「裏モノJAPAN」2019年3月号掲載

ションを起こすことはできないだろうか。

しかし、臆病な性格なので、直接触ったり相手にバレるような痴漢行為はできない。

なにかイイ方法はないものか。ない頭を絞り出して、ようやく画期的な手法を思いついた。

それが、ウォシュレットを使ってのイタズラだ。

盗撮していた経験から、女のビデの使用率がかなり高いことは知っている。温水が出るタンクの中に俺のオシッコを入れておけば、間接的に女のマンコにかけることできる。

そう考えたのだ。

ドライバー一本で簡単に分解できる。

さっそく、いつも盗撮している近所の居酒屋に行きカメラの設置ついでにウォシュレットを確認した。

用意しておいたプラスドライバーを使うと便座のフタが開いて、内部の構造があらわになる。そこには半透明なタンクと放出用のノズルが。えっ、こんなに簡単に開いちゃうの？　拍子抜けだ。

いくつかのトイレを回って、後からわかったのだが、簡単に分解できるのはウォシュレットと便器が分離している少し古いモデルだけのようだ。最新の一体型タイプのウォシュレットは業者でなければ開けるのは難しい。

どうやら、古いタイプは掃除が楽にできるよう、分解させやすくなっており最新のタイプは自動洗浄機能が搭載されていて、取り外せないようになっている。

さっそく温水が溜まるタンクの水を抜き、オシッコをその中に注ぐ。満杯までできたら便座を元に戻してカメラをセット。あとは外で待つだけだ。

数分後、オバちゃんの女性客が入っていった。若い女でないのは残念だが、こればかりは仕方がない。

バレないかドキドキしていたが、普通にオバちゃんは出てきた。よし、バレてはいない。ビデの温水とオシッコの温度は同じくらいなのでわからないのだろう。

その後数人の女がトイレに入ってからカメラを回収し、自宅に戻って映像を確認。

そこには女たちが気づかずにビデを使っている姿が映っていた。よもや俺のオシッコがかかっているとは気づいていないだろう。成功だ！

ビデの威力を最大にしておいて…

オシッコで味をしめた俺は、さらなる高みを目指すため精液を混ぜることにした。

これまで同じ要領で蓋を開けて、タンクの中にスポイトで精液を流し込む。準備はこれまでと同じだが、興奮は倍増だ。

うまくいけば俺の精液が女のマンコに当たって妊娠しちゃうかも！　なんて。

奥まで届くように、ビデの威力を最大まで設定してから外に出る。

美人な女がトイレに行ったときなんか、喜びもひとしおで、中出し気分を味わうことができた。危険日だったら妊娠して、子どもができちゃうかも、という妄想が興奮を倍増さ

せるのだ。

いつか、女が孕むのを心待ちにしながら、ウォシュレットに精液を流し込む毎日。もう当分やめられません。

「裏モノJAPAN」読者投稿傑作選
本当にエロい実話 Exciting

2021年3月23日　第1刷発行

著　者	「裏モノJAPAN」編集部［編］
発行者	稲村 貴
編集人	平林和史
発行所	株式会社 鉄人社 〒162-0801 東京都新宿区山吹町332 オフィス87ビル 3F TEL 03-3528-9801　FAX 03-3528-9802 http://tetsujinsya.co.jp/
カバーイラスト	加藤裕將
デザイン	+iNNOVAT!ON
印刷・製本	株式会社シナノ

ISBN978-4-86537-209-0　C0176　